QUANTENKINDER

Kinderbücher

8-12 Jahre | Band -1 | Fraktionen

ActivityCrusades

Veröffentlicht von Speedy Publishing Canada Limited

BRÜCHE

Schreiben Sie den Bruchteil des schattierten Teils.

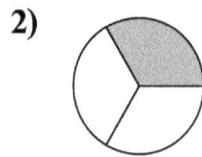

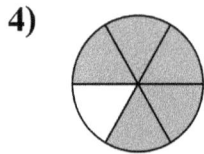

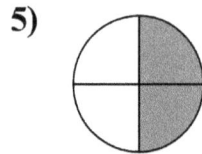

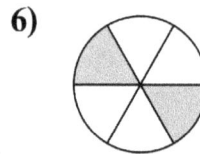

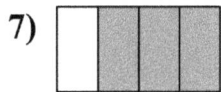

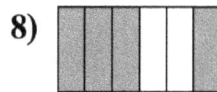

1) 

2)

3)

4)

5)

6)

7)

8)

9)

10) 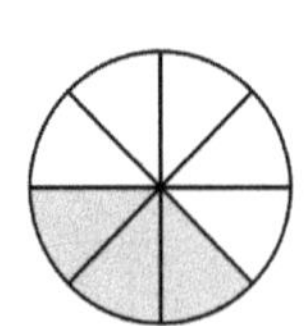

Ex. 2/8

1. ______________
2. ______________
3. ______________
4. ______________
5. ______________
6. ______________
7. ______________
8. ______________
9. ______________
10. ______________

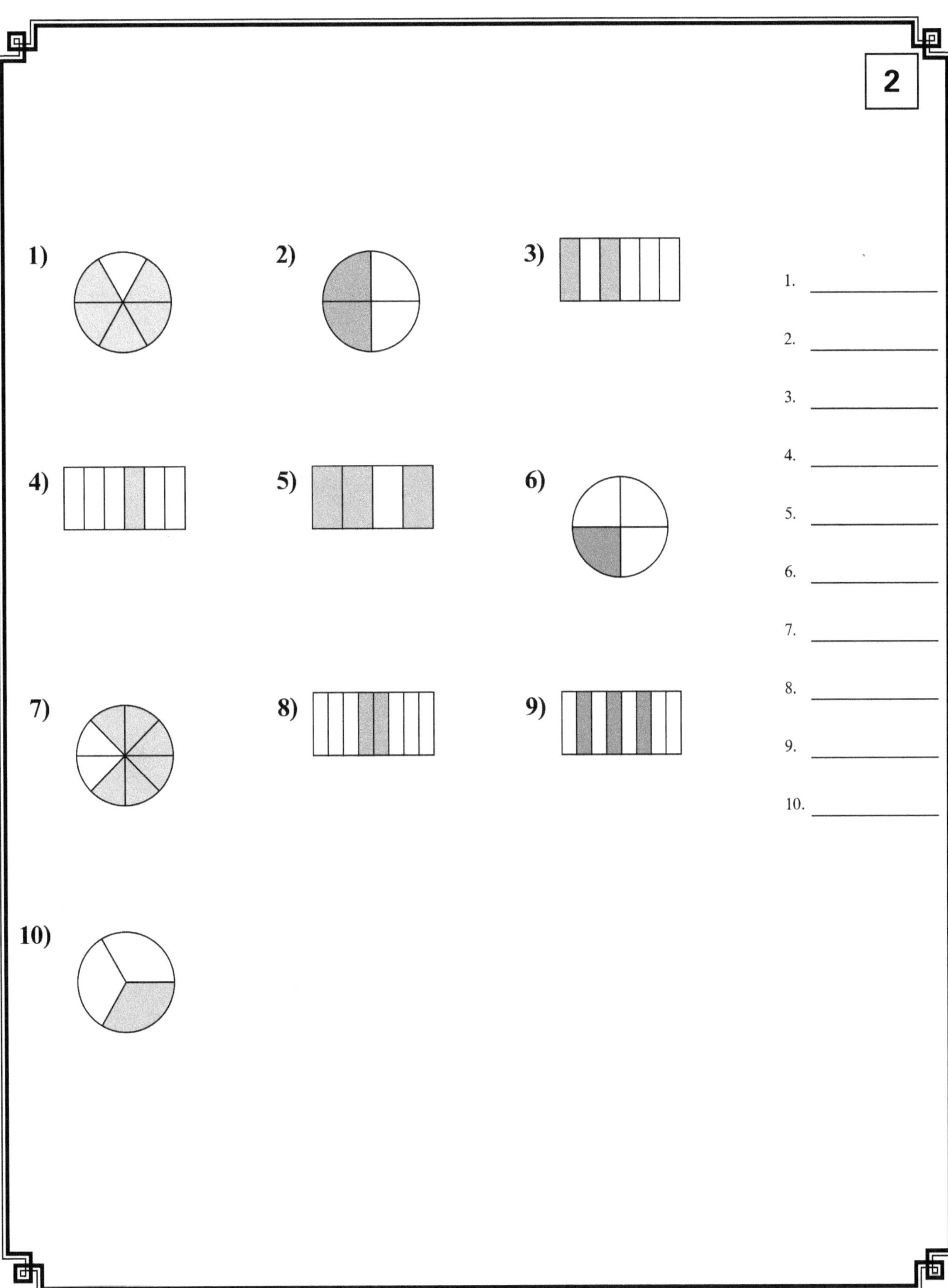
2
1)
2)
3)
4)
5)
6)
7)
8)
9)
10)
1.
2.
3.
4.
5.
6.
7.
8.
9.
10.

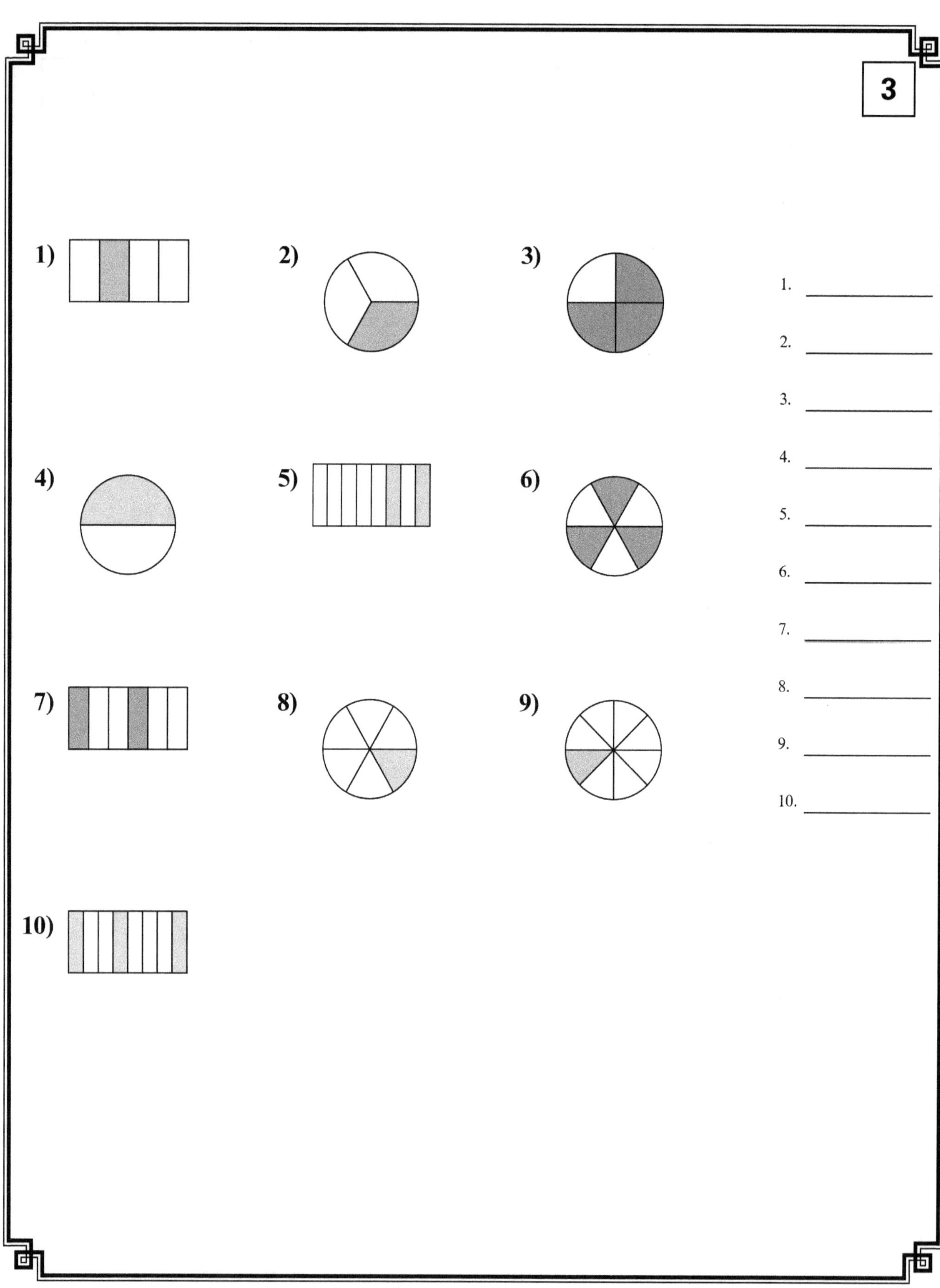
3
1)
2)
3)
4)
5)
6)
7)
8)
9)
10)
1. ____________
2. ____________
3. ____________
4. ____________
5. ____________
6. ____________
7. ____________
8. ____________
9. ____________
10. ____________

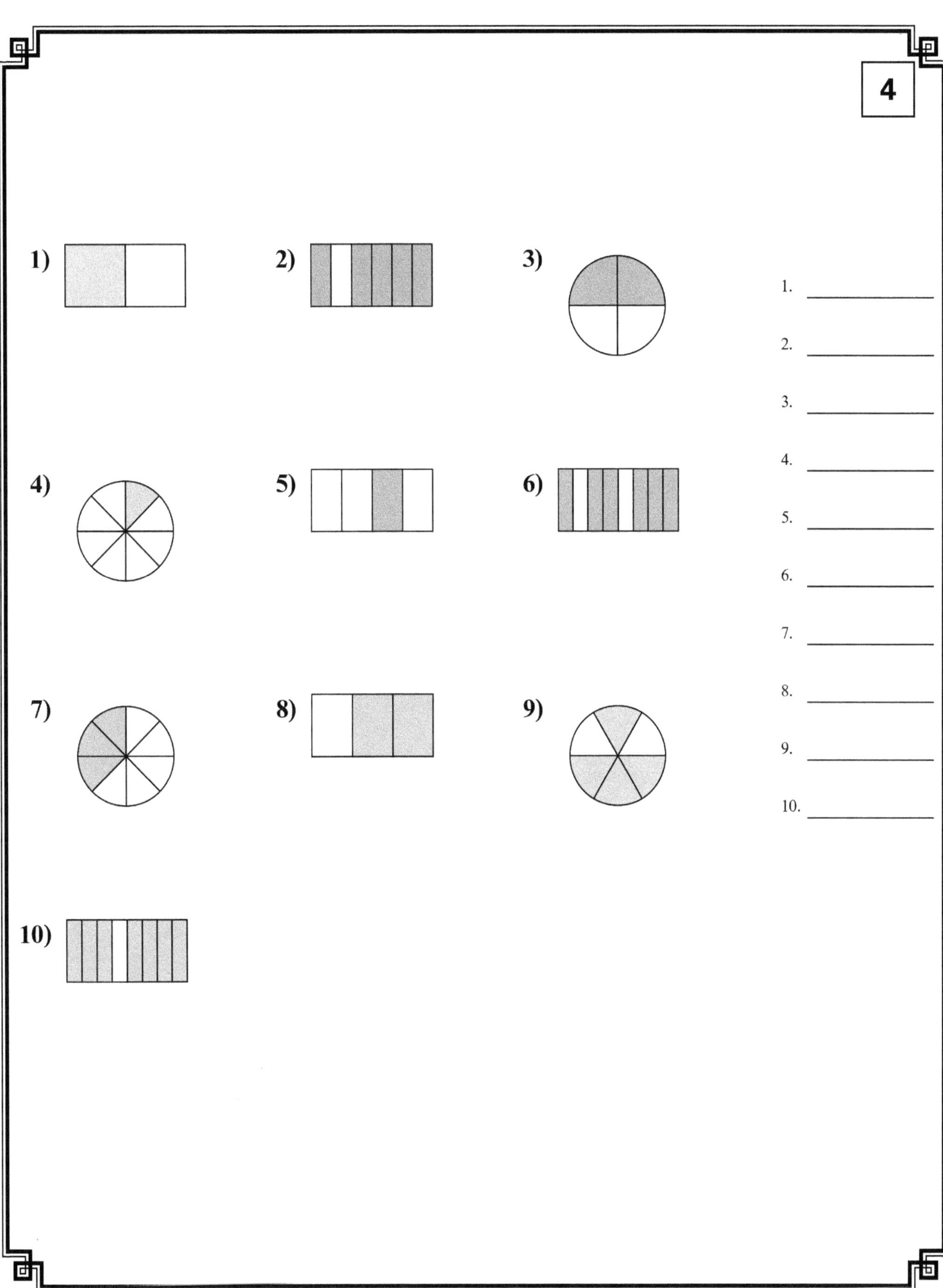
4
1)
2)
3)
4)
5)
6)
7)
8)
9)
10)
1. ______
2. ______
3. ______
4. ______
5. ______
6. ______
7. ______
8. ______
9. ______
10. ______

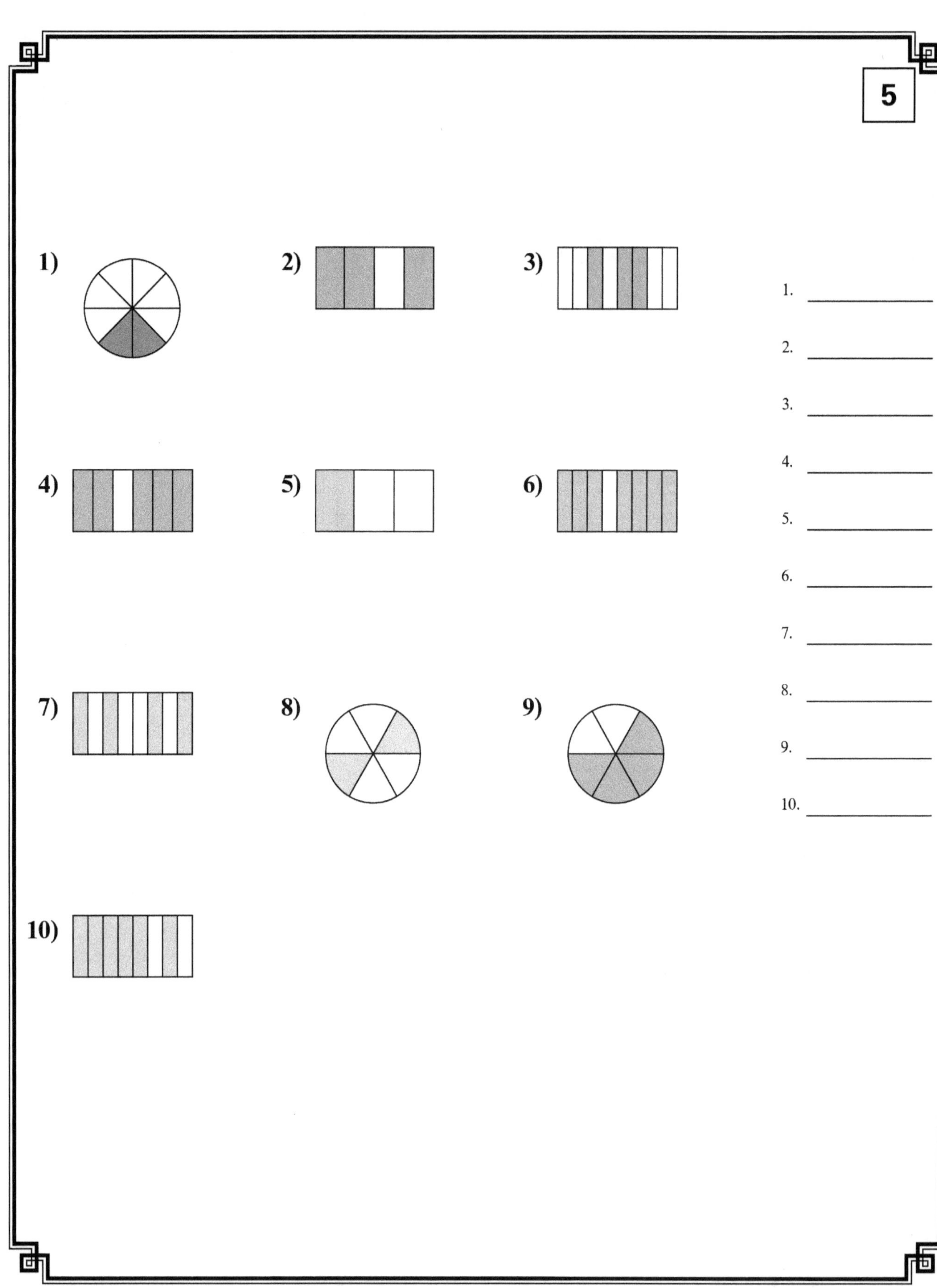
5
1)
2)
3)
4)
5)
6)
7)
8)
9)
10)
1. ____________
2. ____________
3. ____________
4. ____________
5. ____________
6. ____________
7. ____________
8. ____________
9. ____________
10. ____________

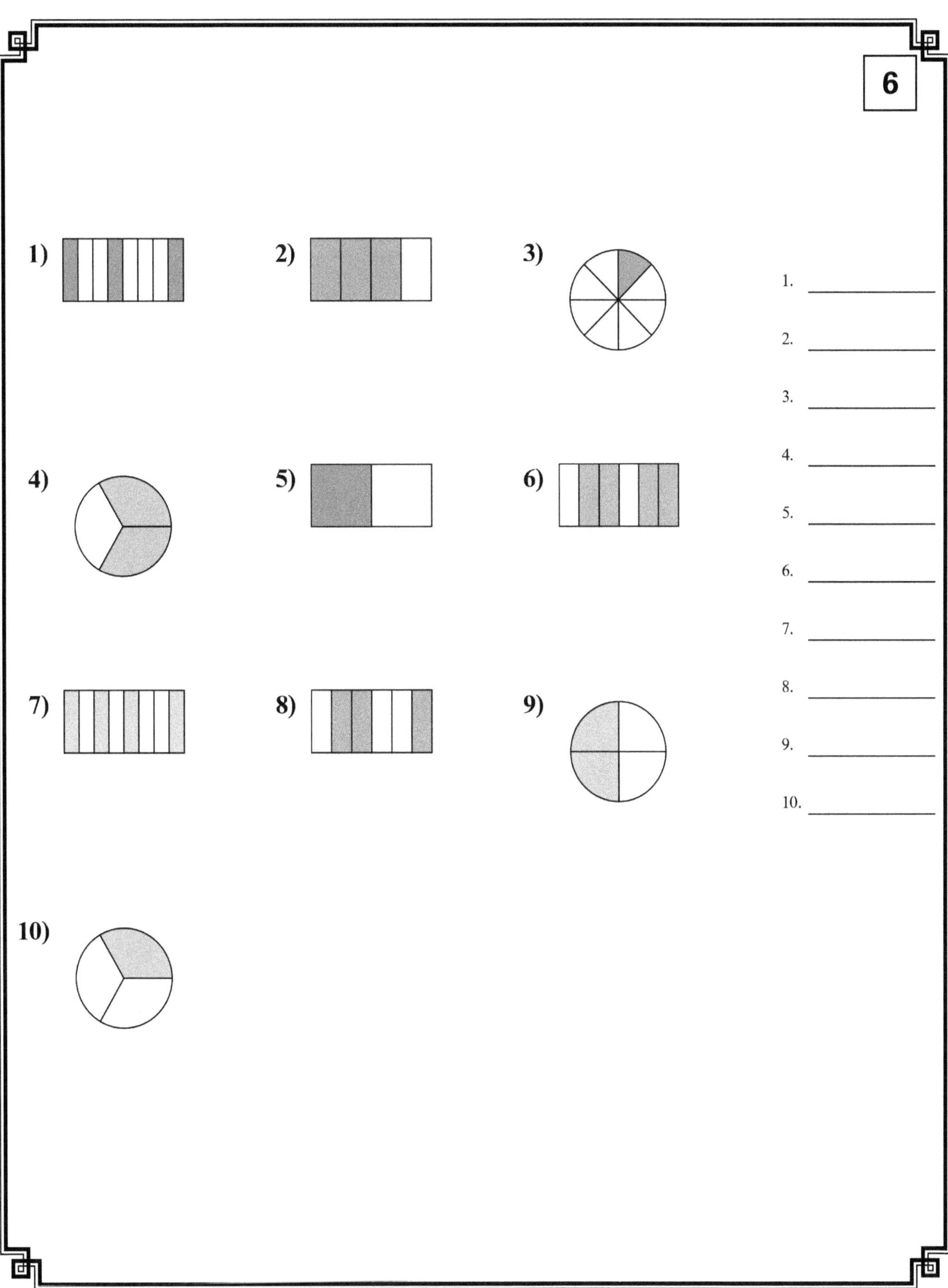
6
1)
2)
3)
4)
5)
6)
7)
8)
9)
10)
1. ____
2. ____
3. ____
4. ____
5. ____
6. ____
7. ____
8. ____
9. ____
10. ____

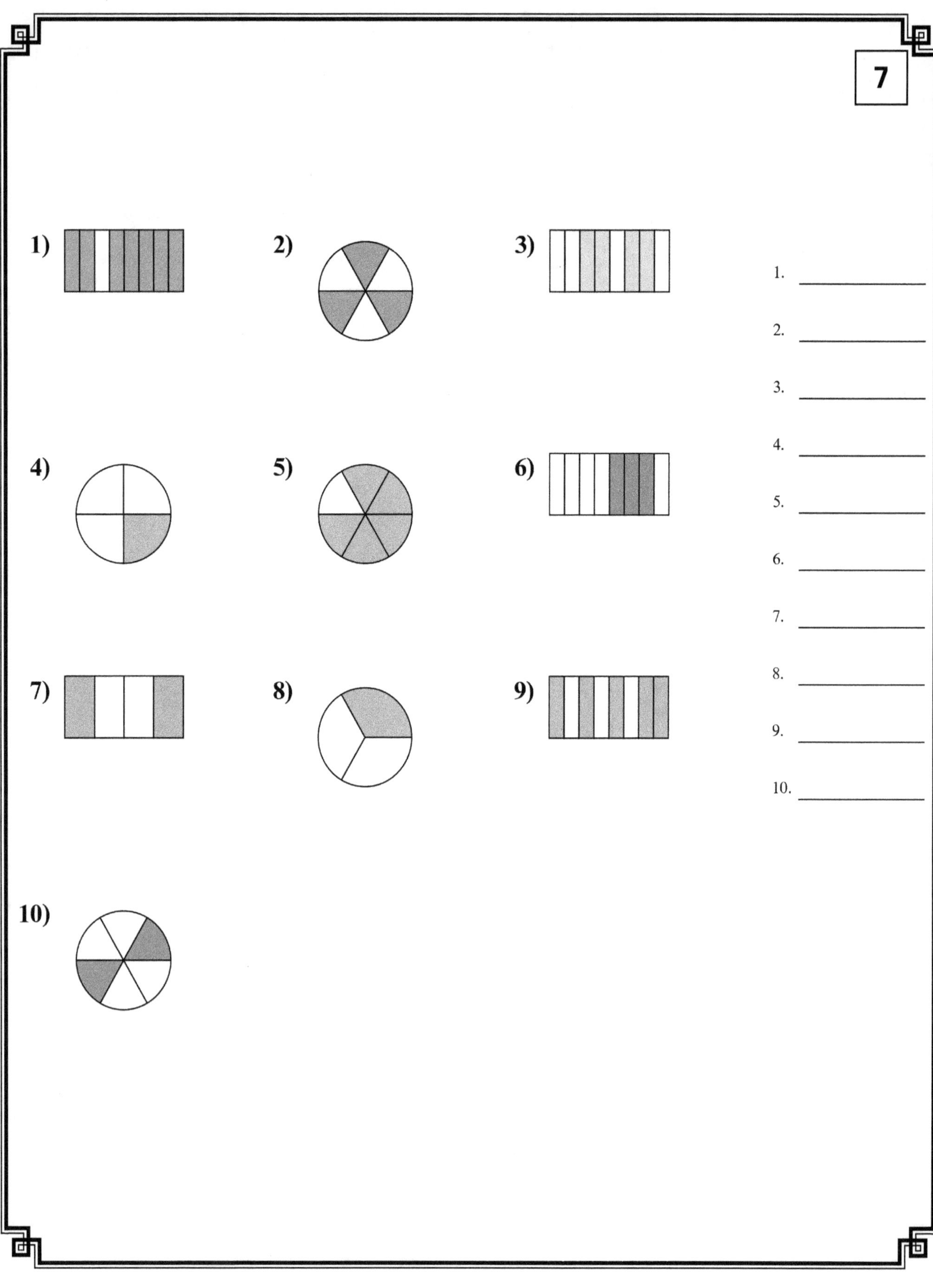
7
1)
2)
3)
4)
5)
6)
7)
8)
9)
10)
1. ______________
2. ______________
3. ______________
4. ______________
5. ______________
6. ______________
7. ______________
8. ______________
9. ______________
10. ______________

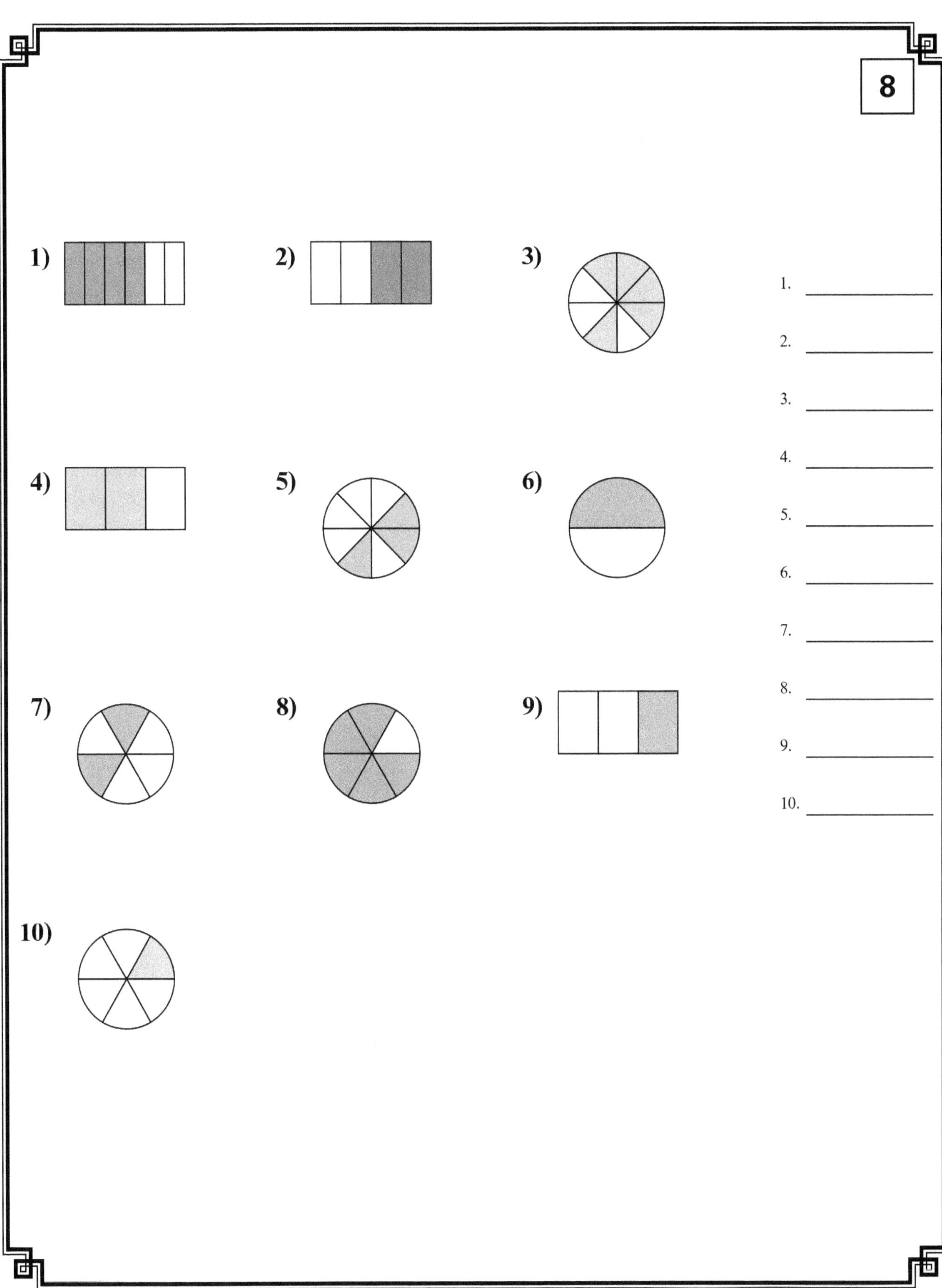

1. ______________
2. ______________
3. ______________
4. ______________
5. ______________
6. ______________
7. ______________
8. ______________
9. ______________
10. ______________

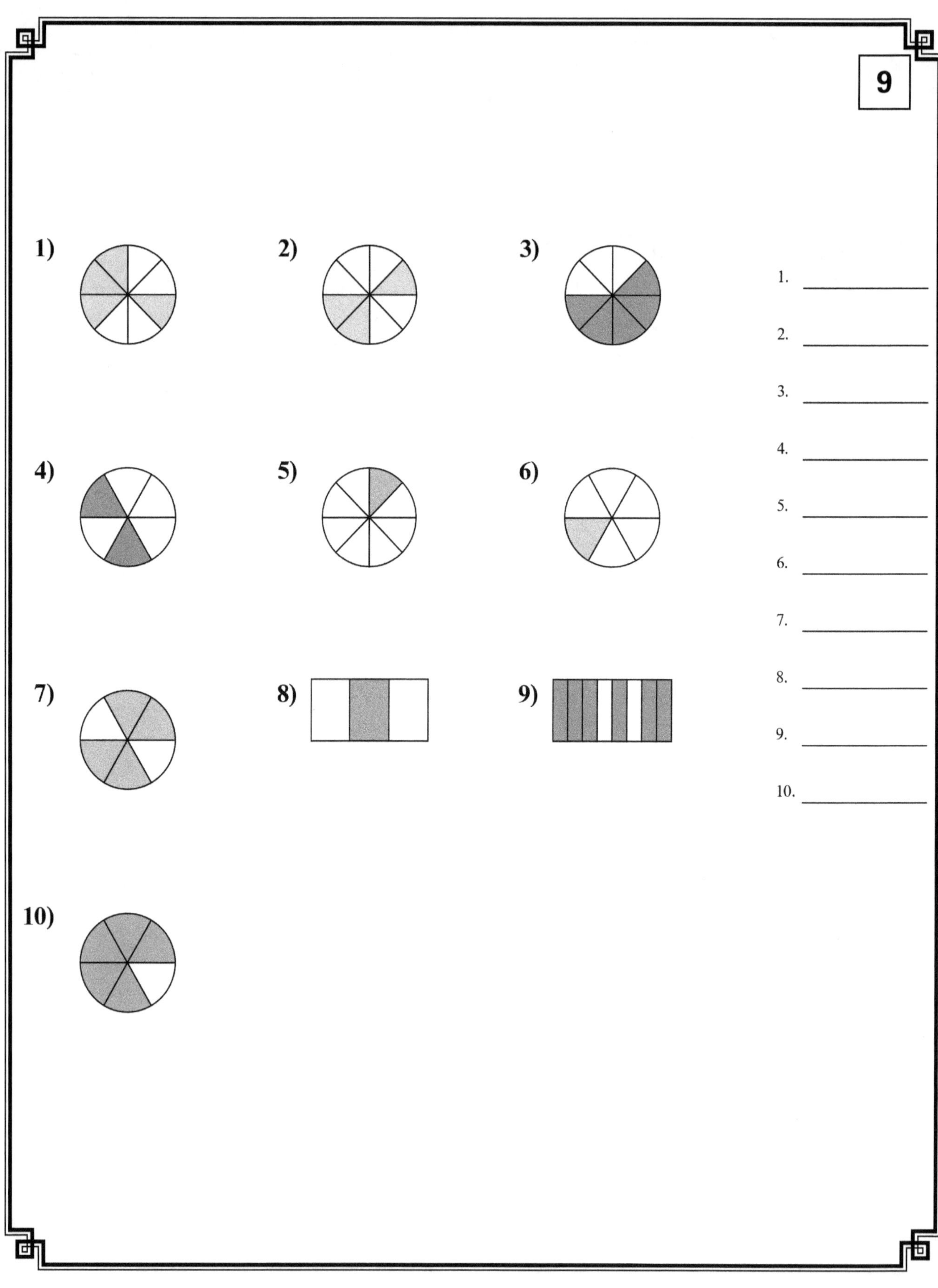
9
1)
2)
3)
4)
5)
6)
7)
8)
9)
10)
1.
2.
3.
4.
5.
6.
7.
8.
9.
10.

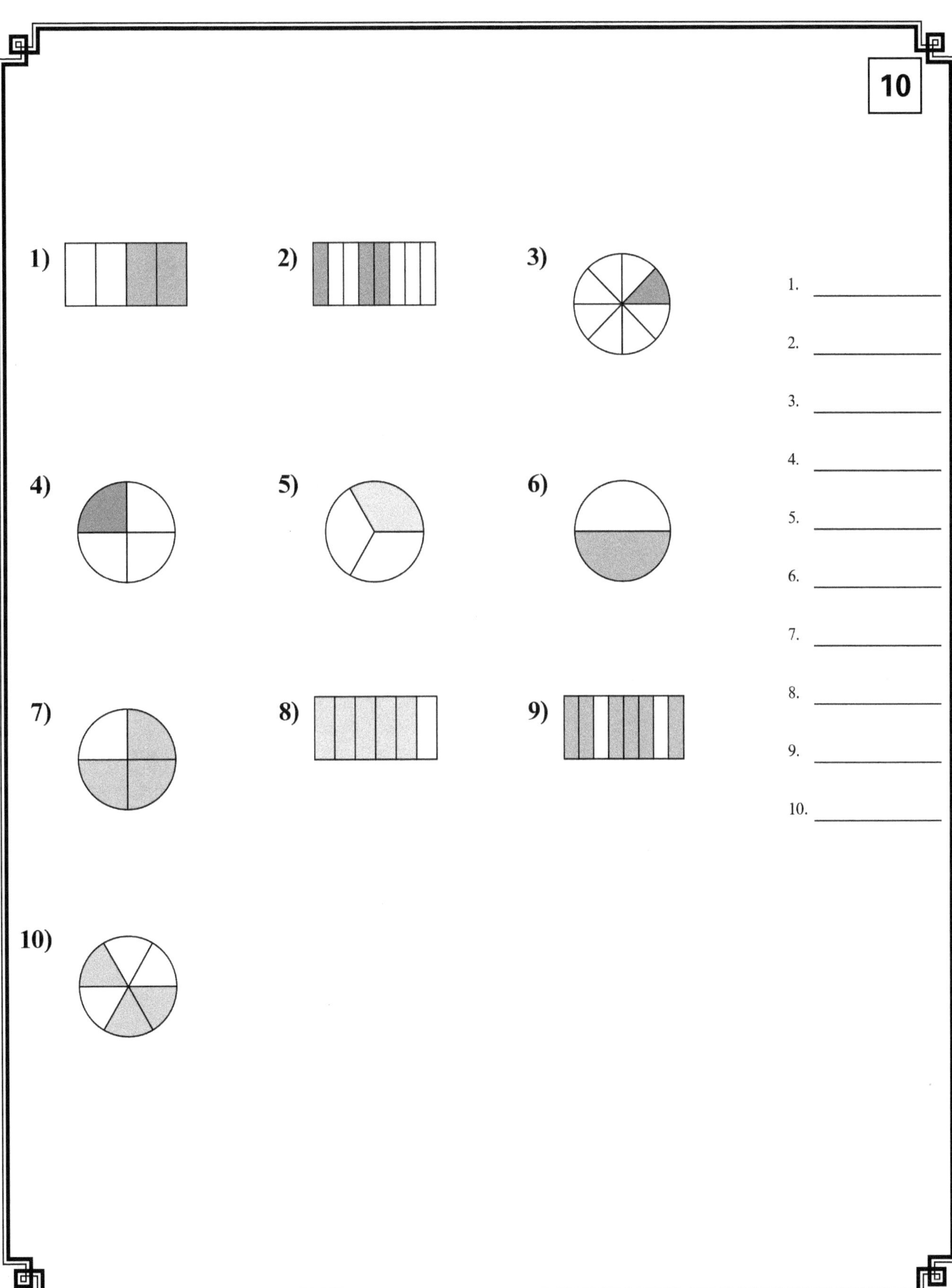
10
1)
2)
3)
4)
5)
6)
7)
8)
9)
10)
1. ____________
2. ____________
3. ____________
4. ____________
5. ____________
6. ____________
7. ____________
8. ____________
9. ____________
10. ____________

Bestimmen Sie, welche Auswahl (en) die Form zeigen, die so partitioniert ist, dass jedes Teil die gleiche Fläche hat. Falls nicht, schreiben Sie 'none'.

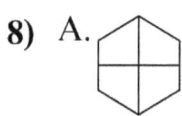

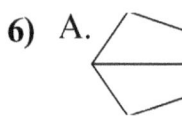

1) A. B. C. D.

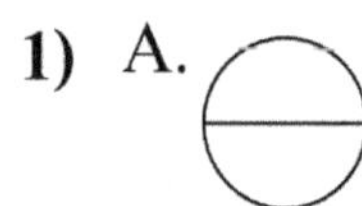

2) A. B. C. D.

3) A. B. C. D.

4) A. B. C. D.

5) A. B. C. D.

6) A. B. C. D.

7) A. B. C. D.

8) A. B. C. D.

Ex.

1. **A, B, D**
2. ______
3. ______
4. ______
5. ______
6. ______
7. ______
8. ______

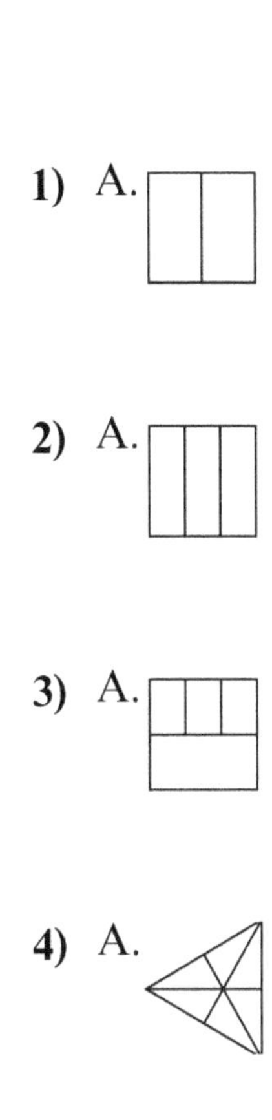

1) A. B. 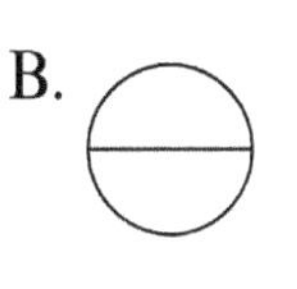 C. D. 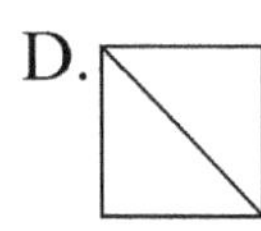

2) A. B. C. D.

3) A. B. C. 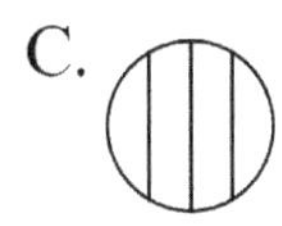 D. 

4) A. B. 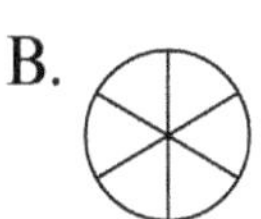 C.  D. 

5) A.  B. 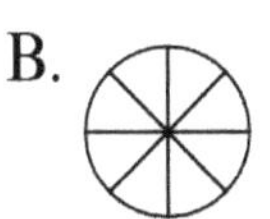 C. 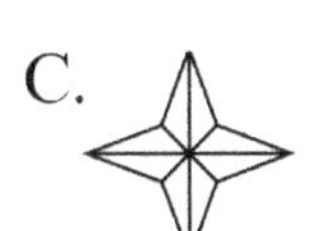 D. 

6) A.  B. 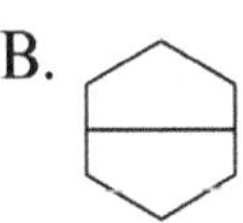 C. 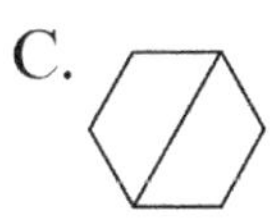 D. 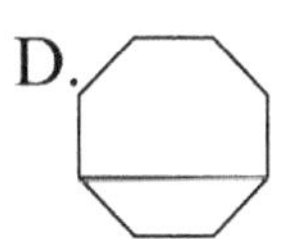

7) A. 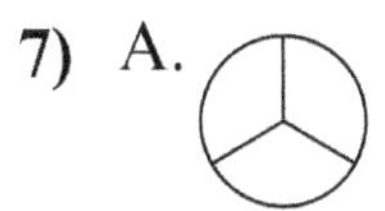 B. 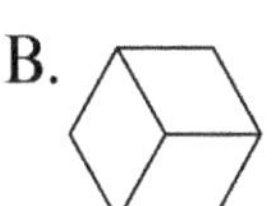 C.  D.

8) A.  B. 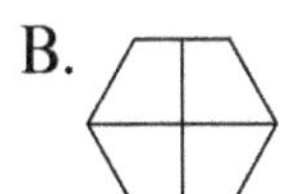 C. D.

1. ____________

2. ____________

3. ____________

4. ____________

5. ____________

6. ____________

7. ____________

8. ____________

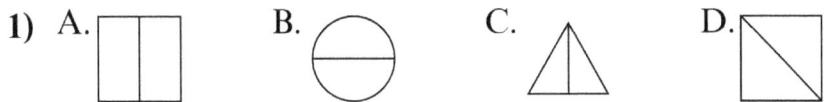

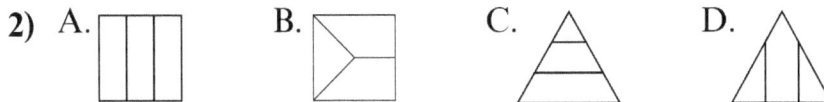

1) A. 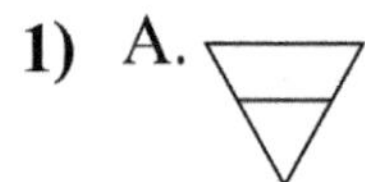 B. 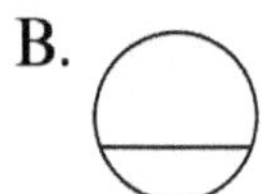 C. D.

2) A. B. 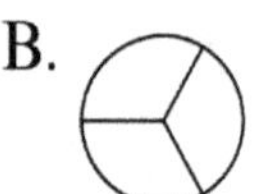 C. D.

3) A. B. 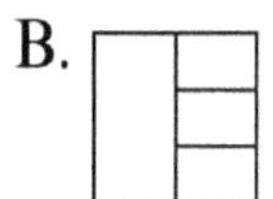 C.  D.

4) A. B.  C.  D. 

5) A. B.  C.  D.

6) A. B. 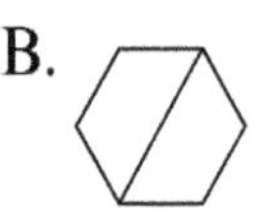 C.  D. 

7) A. B.  C.  D.

8) A. B.  C.  D.

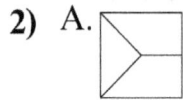

1. ____________
2. ____________
3. ____________
4. ____________
5. ____________
6. ____________
7. ____________
8. ____________

14

1) A. 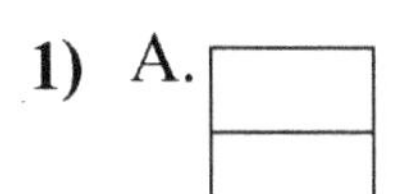 B. C. D.

2) A. 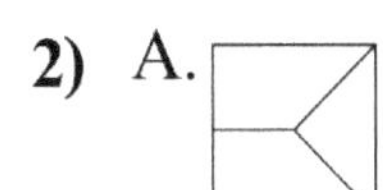 B. 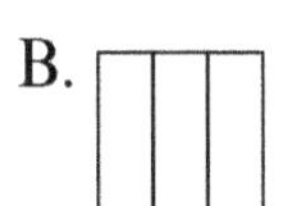 C. D.

3) A. 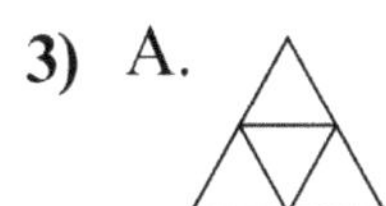 B. 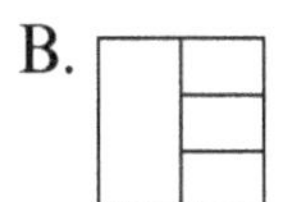 C.  D. 

4) A.  B.  C.  D. 

5) A.  B. 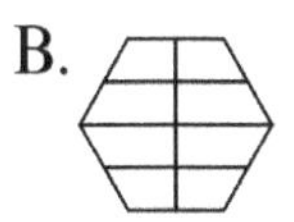 C. 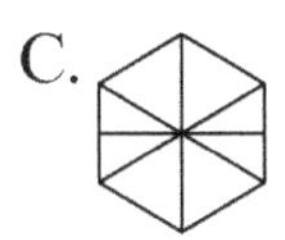 D. 

6) A.  B. 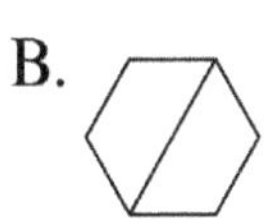 C.  D. 

7) A.  B.  C. D.

8) A. B. C. D.

1. ____________
2. ____________
3. ____________
4. ____________
5. ____________
6. ____________
7. ____________
8. ____________ 

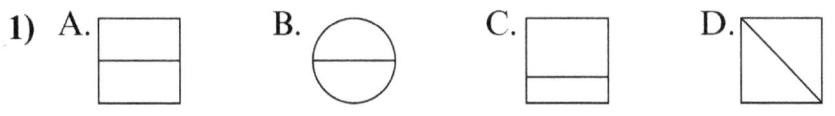

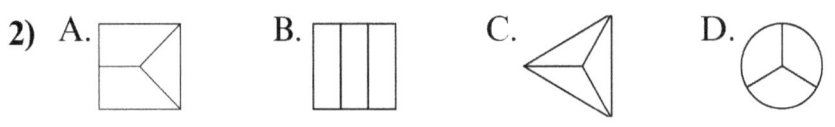

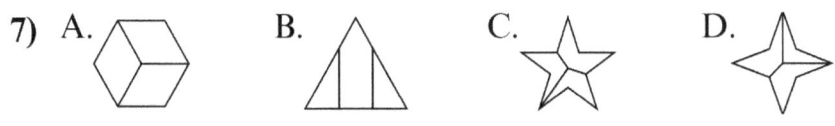

1) A. 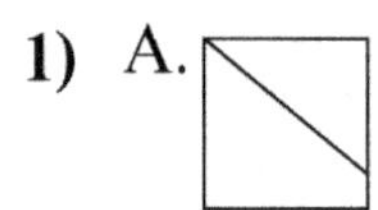 B. C. D.

2) A. B. C. D.

3) A. B. C. D.

4) A. B. C.  D.

5) A. B.  C.  D. 

6) A. B.  C.  D. 

7) A. B. 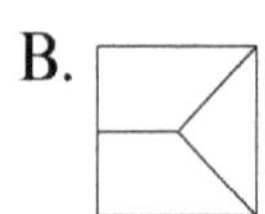 C.  D. 

8) A. B.  C.  D.

1. ______________
2. ______________
3. ______________
4. ______________
5. ______________
6. ______________
7. ______________
8. ______________

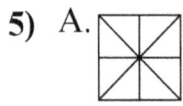

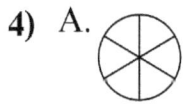

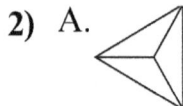

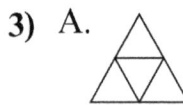

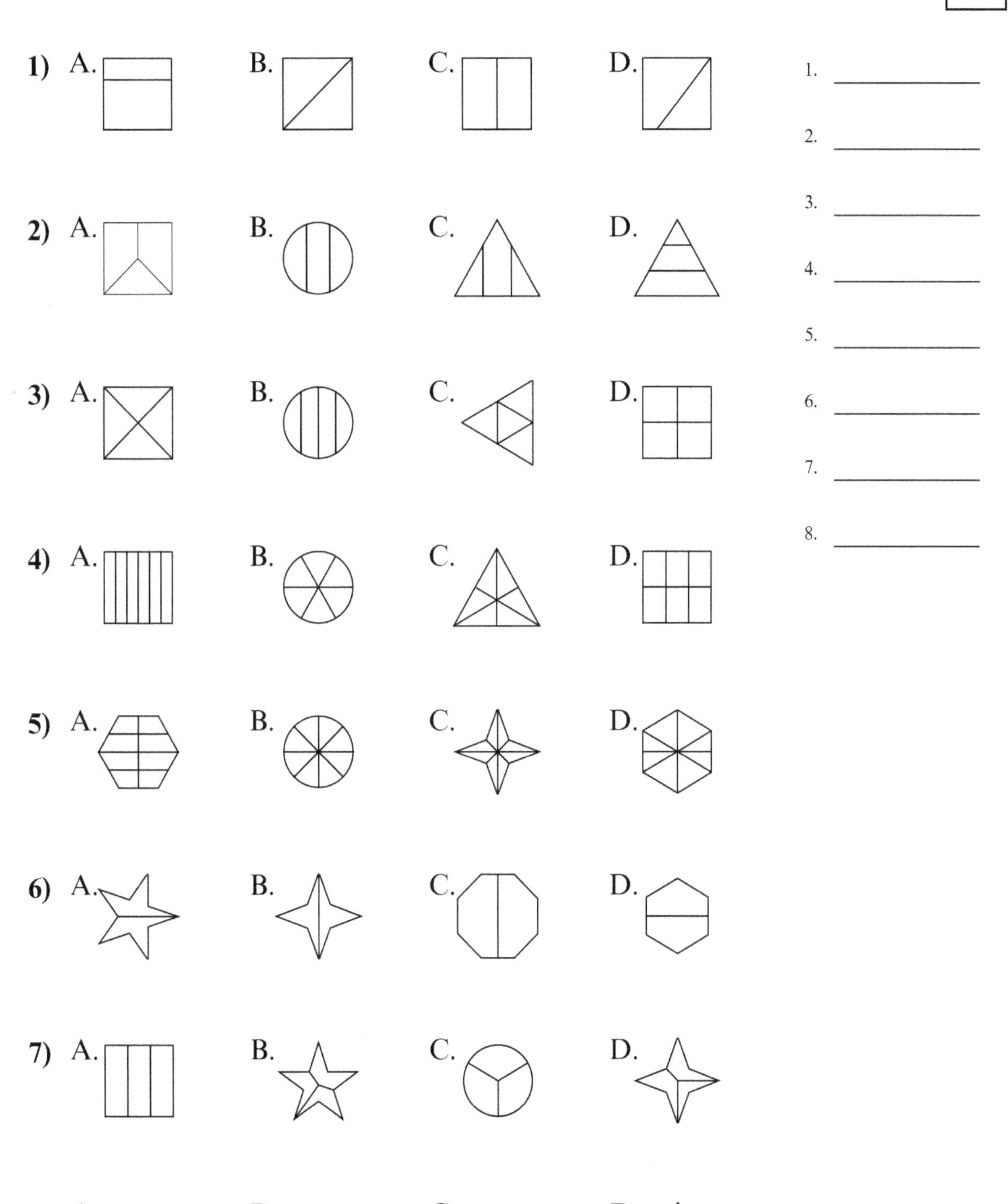

1. ______________

2. ______________

3. ______________

4. ______________

5. ______________

6. ______________

7. ______________

8. ______________

1) A. 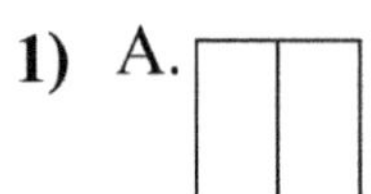 B. 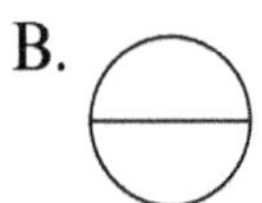 C. D.

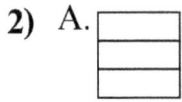

2) A. B.  C. 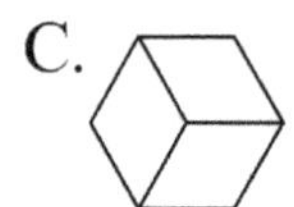 D. 

3) A. B. 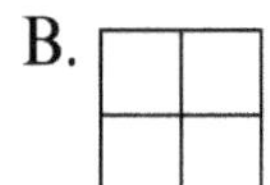 C.  D. 

4) A. B. 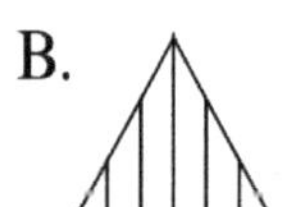 C.  D. 

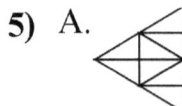

5) A. B. 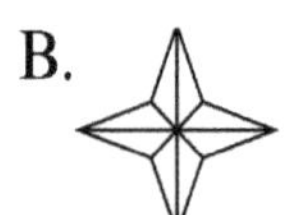 C. 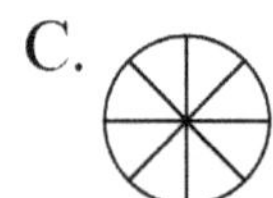 D. 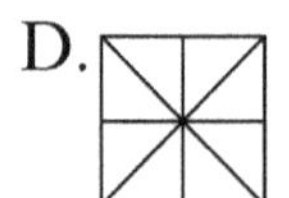

6) A. B.  C.  D. 

7) A. B. 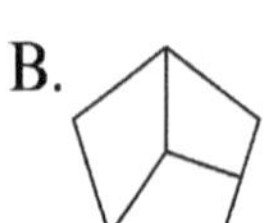 C.  D.

8) A. B.  C.  D. 

1. ____________

2. ____________

3. ____________

4. ____________

5. ____________

6. ____________

7. ____________

8. ____________

1) A. 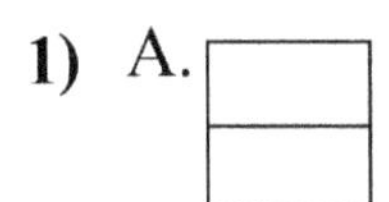 B. C. D.

2) A. B.  C. D.

3) A. B. C. D.

4) A. B.  C. D.

5) A. B.  C. D.

6) A. B.  C. D. 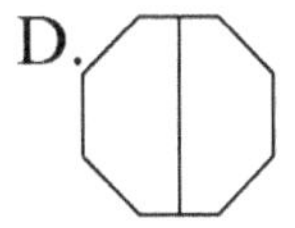

7) A. B. 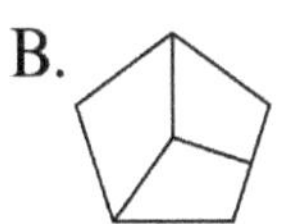 C. D. 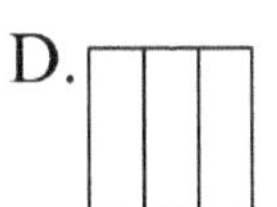

8) A. B. 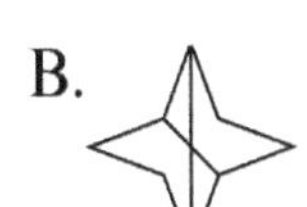 C. D. 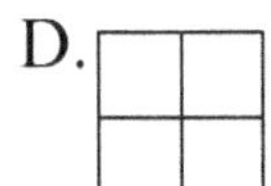

1. ______________

2. ______________

3. ______________

4. ______________

5. ______________

6. ______________

7. ______________

8. ______________

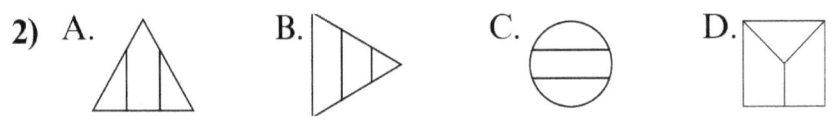

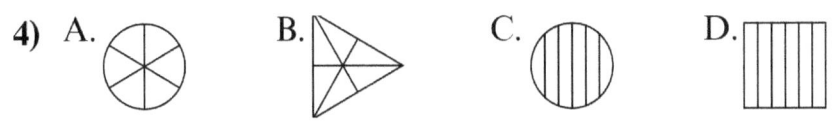

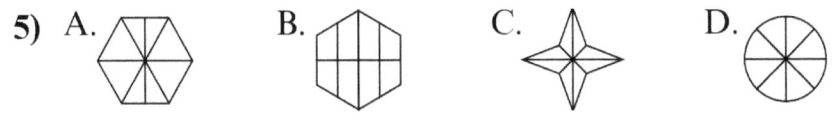

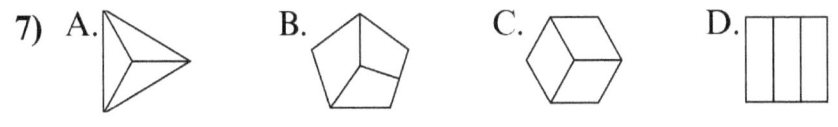

1) 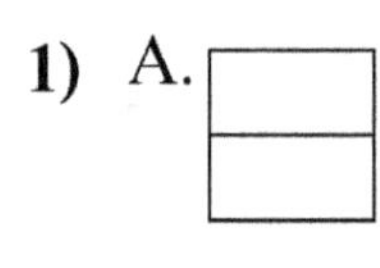 B. 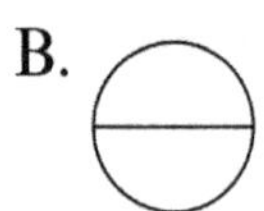 C. D. 

2)  B. 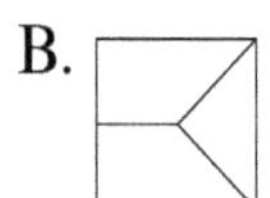  D.

3)  B. 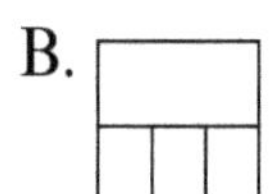 C.  D. 

4)  B. 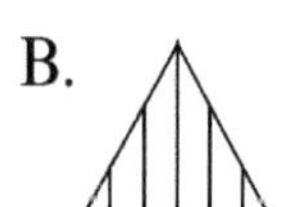 C.  

5)  B. 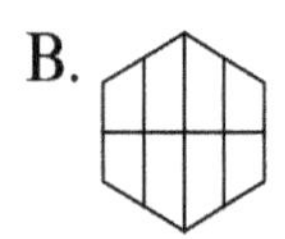 C.  D. 

6) 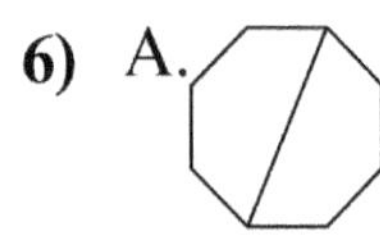 B.  C.  D. 

7) A. B. C. D.

8) A. B. C. D.

1. ____________
2. ____________
3. ____________
4. ____________
5. ____________
6. ____________
7. ____________
8. ____________

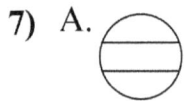

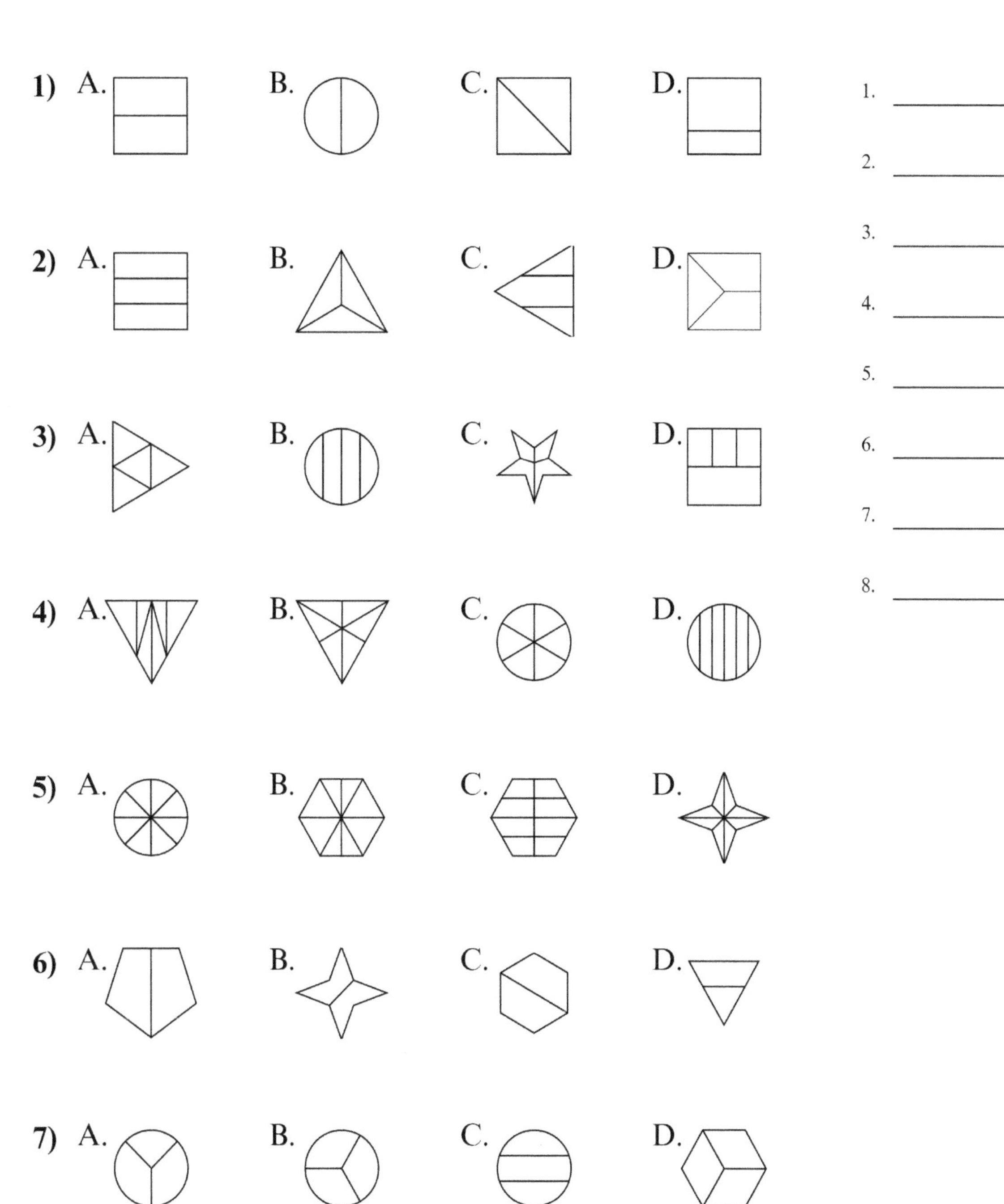

1. ____________

2. ____________

3. ____________

4. ____________

5. ____________

6. ____________

7. ____________

8. ____________

Schatten in der Fraktion, um das Problem zu lösen.

Ex.

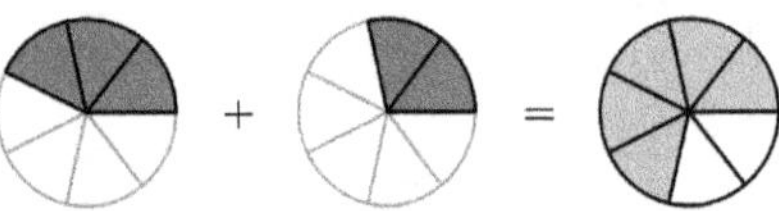

1)

2)

3)

4)

5)

6)

7)

8)

9)

10)

Ex. $\frac{3}{7} + \frac{2}{7} = \frac{5}{7}$

1. ___ + ___ = ___
2. ___ + ___ = ___
3. ___ + ___ = ___
4. ___ + ___ = ___
5. ___ + ___ = ___
6. ___ + ___ = ___
7. ___ + ___ = ___
8. ___ + ___ = ___
9. ___ + ___ = ___
10. ___ + ___ = ___

1)

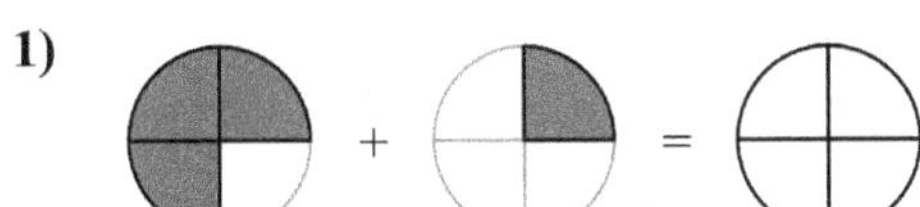

2) + =

3) + =

4) + =

5) + =

6) + =

7) + =

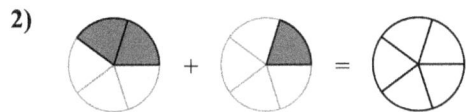

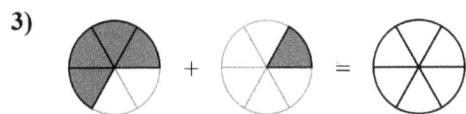

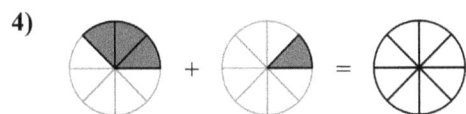

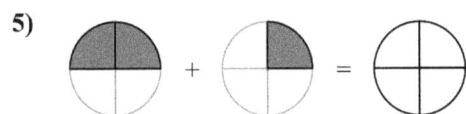

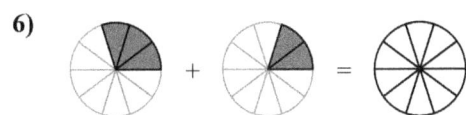

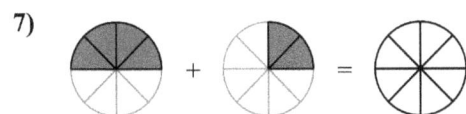

8) + =

9) + =

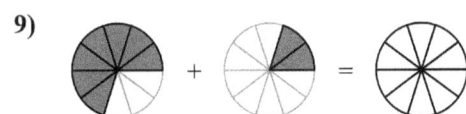

10) + =

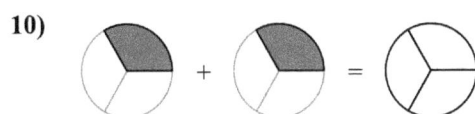

1. ___ + ___ = ___

2. ___ + ___ = ___

3. ___ + ___ = ___

4. ___ + ___ = ___

5. ___ + ___ = ___

6. ___ + ___ = ___

7. ___ + ___ = ___

8. ___ + ___ = ___

9. ___ + ___ = ___

10. ___ + ___ = ___

1)

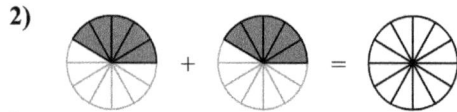

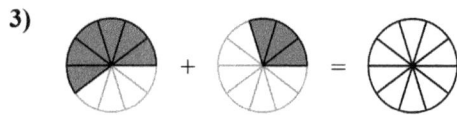

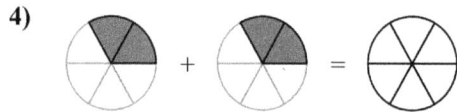

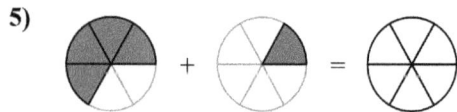

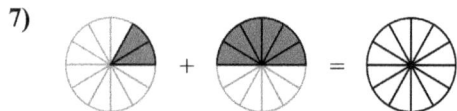

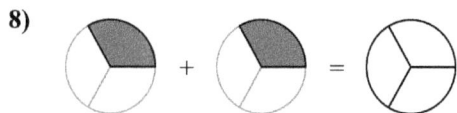

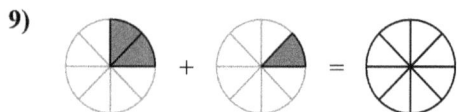

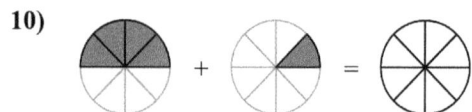

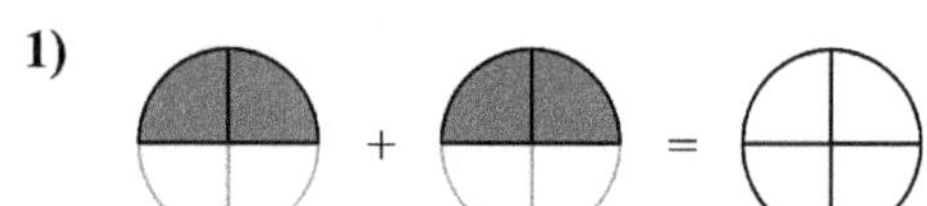

2)

3)

4)

5)

6)

7)

8)

9)

10)

1. ___ + ___ = ___

2. ___ + ___ = ___

3. ___ + ___ = ___

4. ___ + ___ = ___

5. ___ + ___ = ___

6. ___ + ___ = ___

7. ___ + ___ = ___

8. ___ + ___ = ___

9. ___ + ___ = ___

10. ___ + ___ = ___

1) 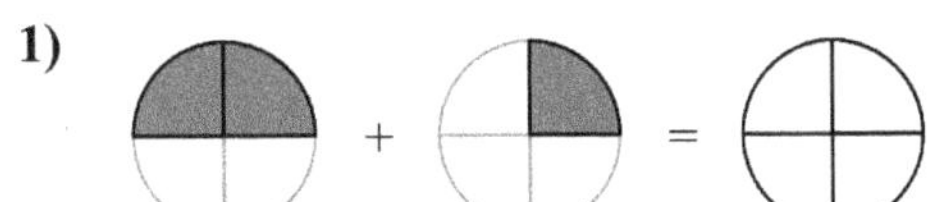
+ =

2) + =

3) + =

4) + =

5) + =

6) + =

7) + =

8) + =

9) + =

10) + =

1. ___ + ___ = ___

2. ___ + ___ = ___

3. ___ + ___ = ___

4. ___ + ___ = ___

5. ___ + ___ = ___

6. ___ + ___ = ___

7. ___ + ___ = ___

8. ___ + ___ = ___

9. ___ + ___ = ___

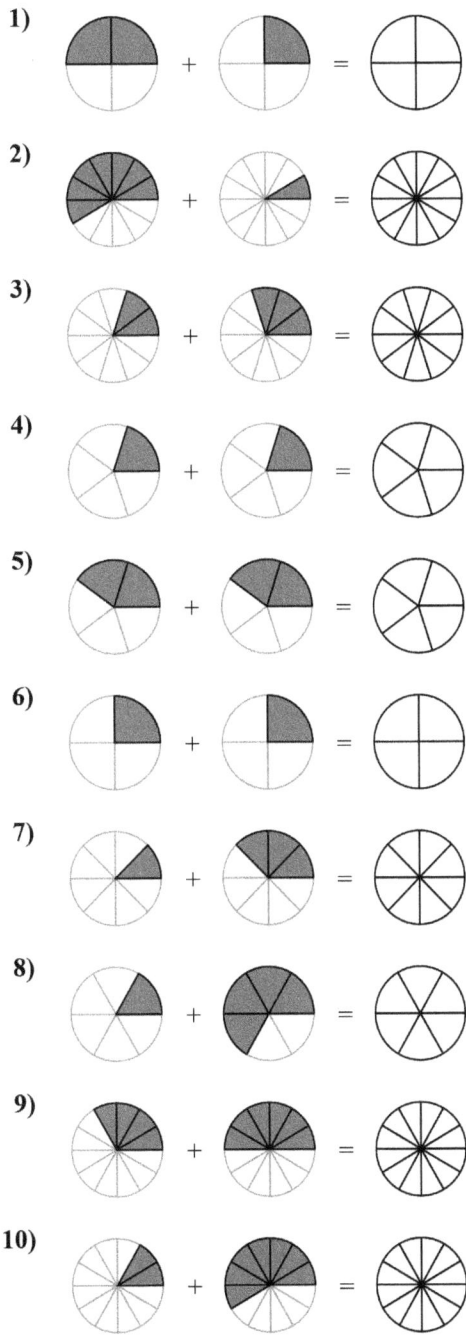

10. ___ + ___ = ___

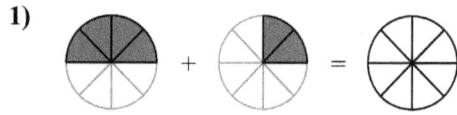

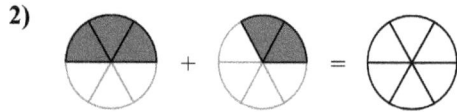

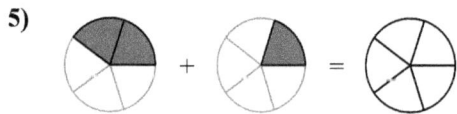

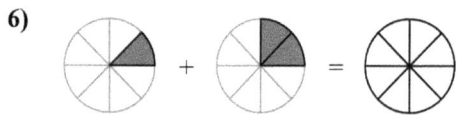

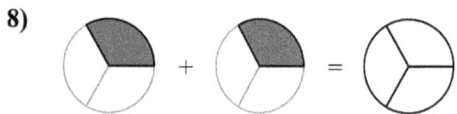

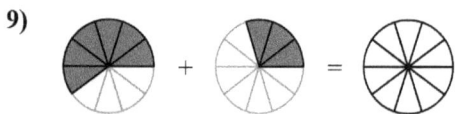

1)

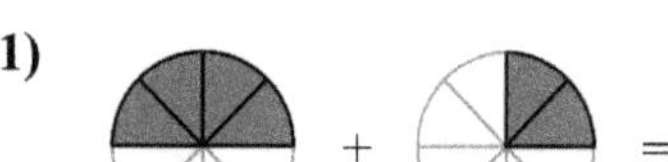

2)

3)

4)

5)

6)

7)

8)

9)

10)

1. ___ + ___ = ___

2. ___ + ___ = ___

3. ___ + ___ = ___

4. ___ + ___ = ___

5. ___ + ___ = ___

6. ___ + ___ = ___

7. ___ + ___ = ___

8. ___ + ___ = ___

9. ___ + ___ = ___

10. ___ + ___ = ___

1)

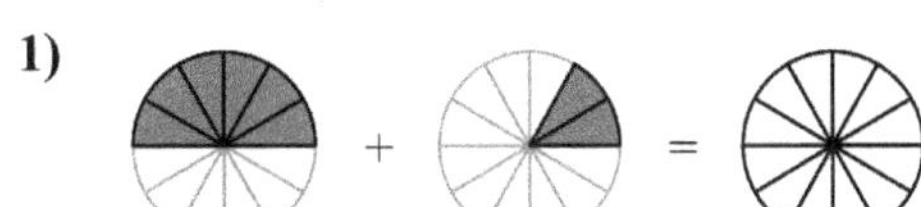

2)

3)

4)

5)

6)

7)

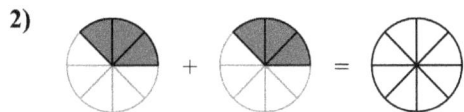

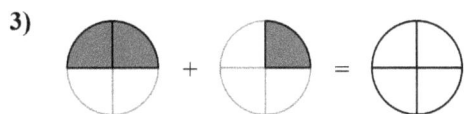

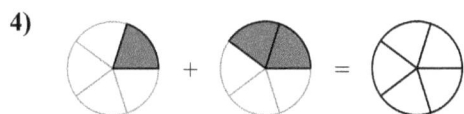

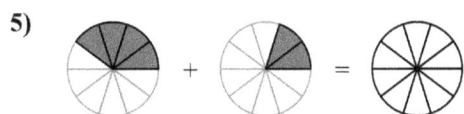

8)

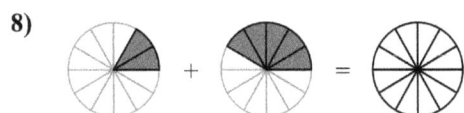

9)

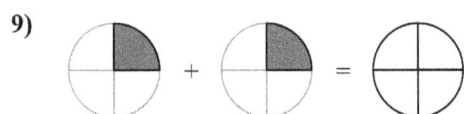

10)

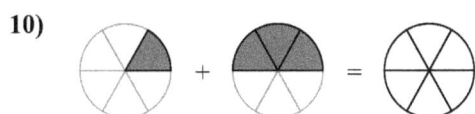

1. ___ + ___ = ___

2. ___ + ___ = ___

3. ___ + ___ = ___

4. ___ + ___ = ___

5. ___ + ___ = ___

6. ___ + ___ = ___

7. ___ + ___ = ___

8. ___ + ___ = ___

9. ___ + ___ = ___

10. ___ + ___ = ___

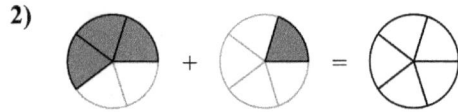

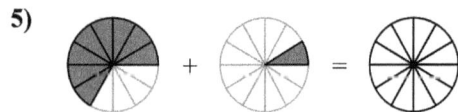

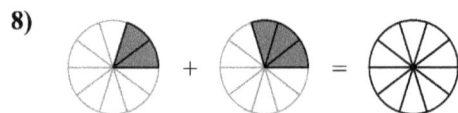

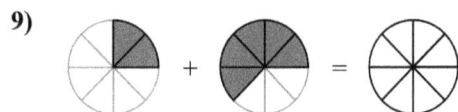

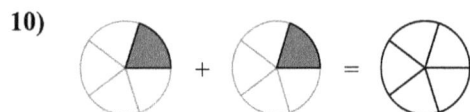

1)

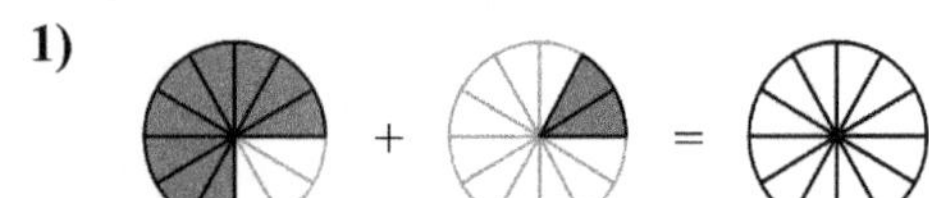

2) + =

3) + =

4) + =

5) + =

6) + =

7) + =

8) + =

9) + =

10) + =

1. ___ + ___ = ___

2. ___ + ___ = ___

3. ___ + ___ = ___

4. ___ + ___ = ___

5. ___ + ___ = ___

6. ___ + ___ = ___

7. ___ + ___ = ___

8. ___ + ___ = ___

9. ___ + ___ = ___

10. ___ + ___ = ___

1)
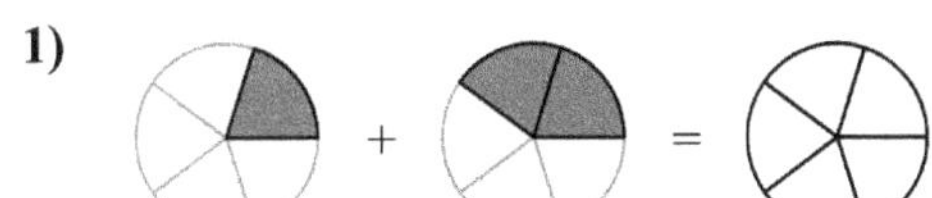
+ =

2) + =

3) + =

4) + =

5) + =

6) + =

7) + =

8) + =

9) + =

10) + =

1. ___ + ___ = ___

2. ___ + ___ = ___

3. ___ + ___ = ___

4. ___ + ___ = ___

5. ___ + ___ = ___

6. ___ + ___ = ___

7. ___ + ___ = ___

8. ___ + ___ = ___

9. ___ + ___ = ___

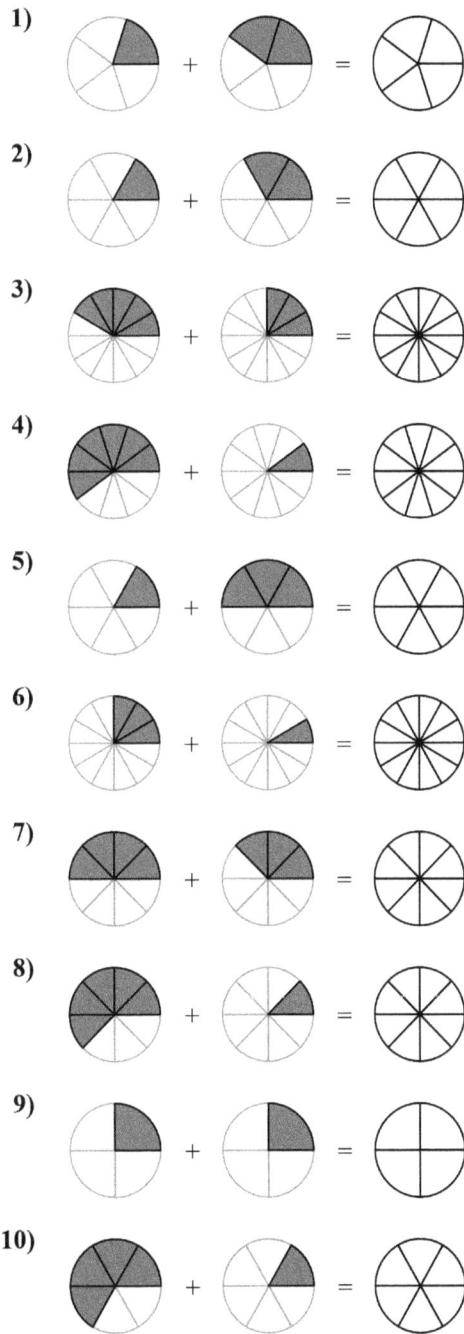

10. ___ + ___ = ___

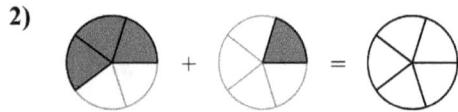

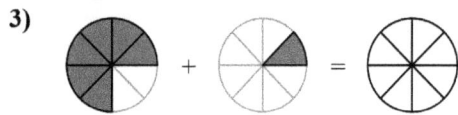

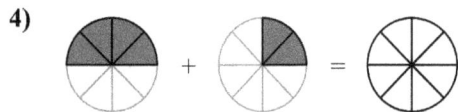

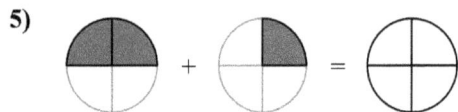

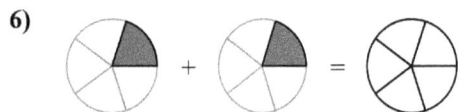

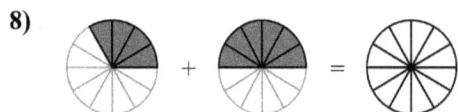

1) 

2) + =

3) + =

4) + =

5) + =

6) + =

7) + =

8) + =

9) + =

10) + =

1. ___ + ___ = ___

2. ___ + ___ = ___

3. ___ + ___ = ___

4. ___ + ___ = ___

5. ___ + ___ = ___

6. ___ + ___ = ___

7. ___ + ___ = ___

8. ___ + ___ = ___

9. ___ + ___ = ___

10. ___ + ___ = ___

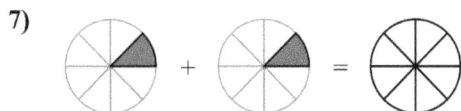

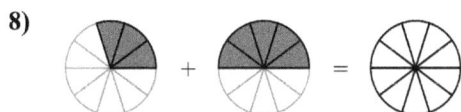

1) 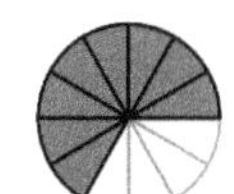 + 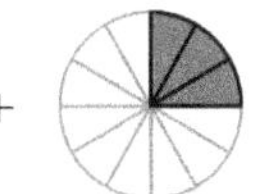 = 

2) 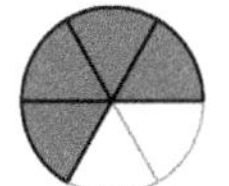 + 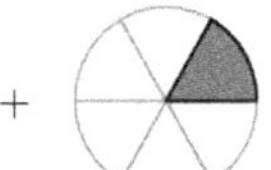 = 

3) 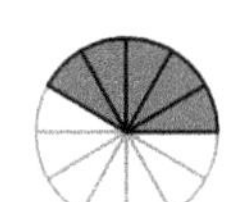 + 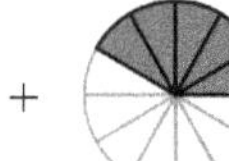 = 

4) 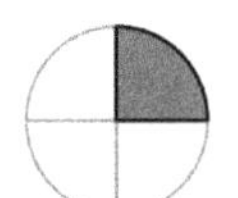 + 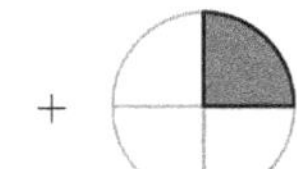 = 

5) 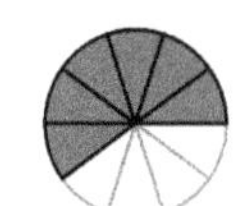 + 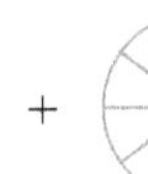 = 

6) 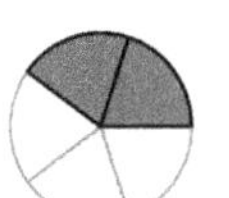 + 

7) 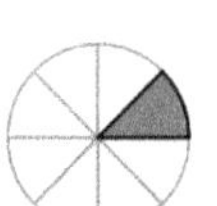 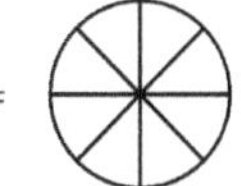

8) 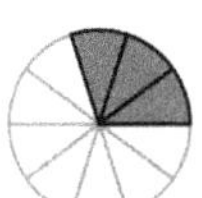 

9) 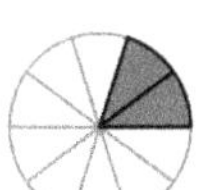 

10) 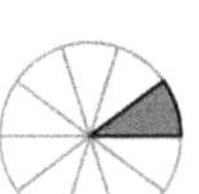 

1. ___ + ___ = ___

2. ___ + ___ = ___

3. ___ + ___ = ___

4. ___ + ___ = ___

5. ___ + ___ = ___

6. ___ + ___ = ___

7. ___ + ___ = ___

8. ___ + ___ = ___

9. ___ + ___ = ___

10. ___ + ___ = ___

Verwenden Sie die visuellen Modelle zum Lösen.

Ex.

1) $\frac{1}{2} \times 7 =$

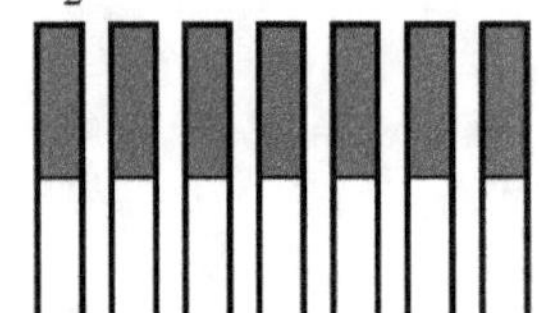

2) $\frac{1}{5} \times 2 =$

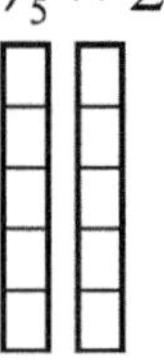

3) $\frac{1}{3} \times 5 =$

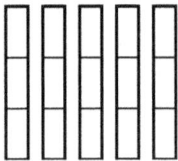

4) $\frac{1}{2} \times 5 =$

5) $\frac{3}{4} \times 4 =$

6) $\frac{3}{8} \times 7 =$

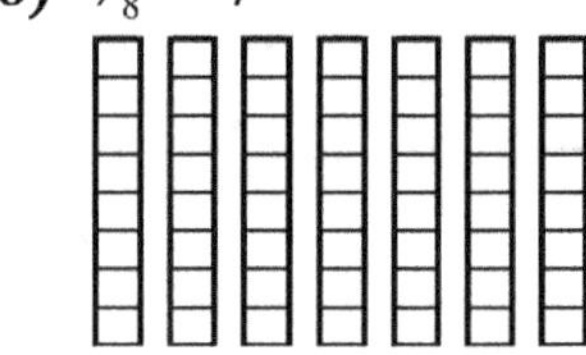

7) $\frac{2}{6} \times 3 =$

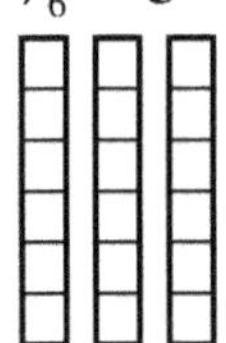

8) $\frac{1}{2} \times 5 =$

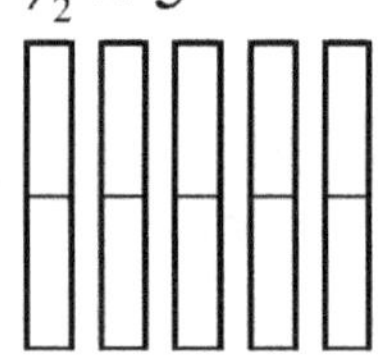

9) $\frac{1}{2} \times 5 =$

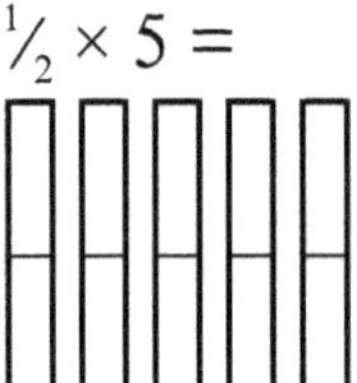

10) $\frac{3}{5} \times 5 =$

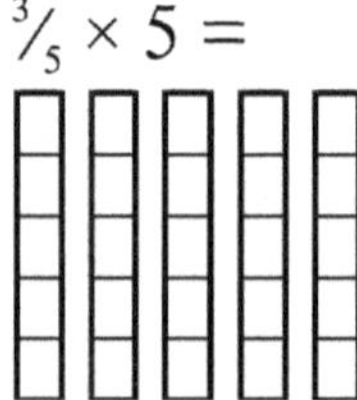

Ex. **7/2**

1. ____________
2. ____________
3. ____________
4. ____________
5. ____________
6. ____________
7. ____________
8. ____________
9. ____________
10. ____________

1) $\frac{1}{4} \times 9 =$

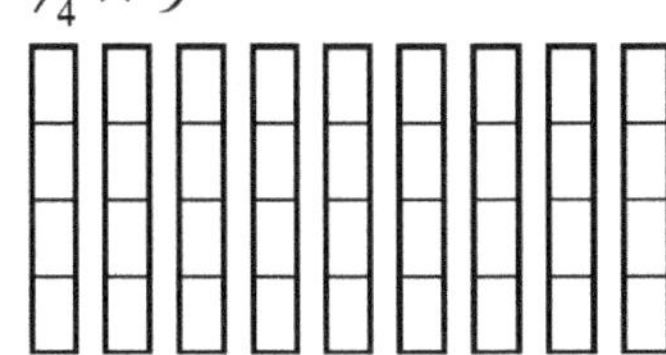

2) $\frac{1}{4} \times 7 =$

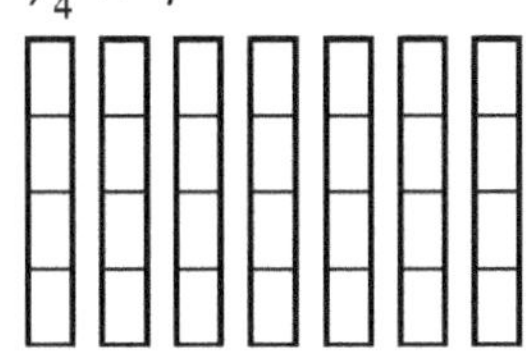

3) $\frac{3}{5} \times 6 =$

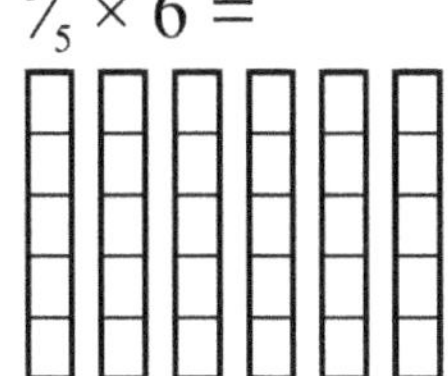

4) $\frac{9}{10} \times 2 =$

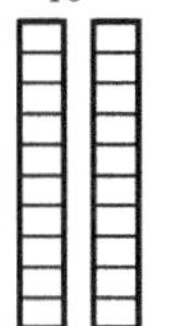

5) $\frac{1}{5} \times 4 =$

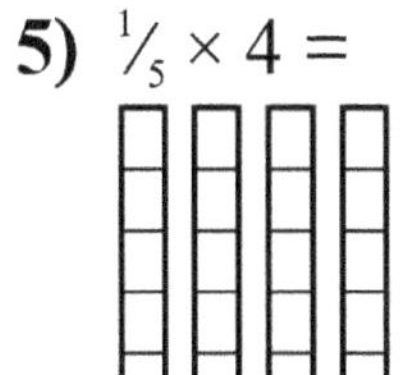

6) $\frac{3}{5} \times 8 =$

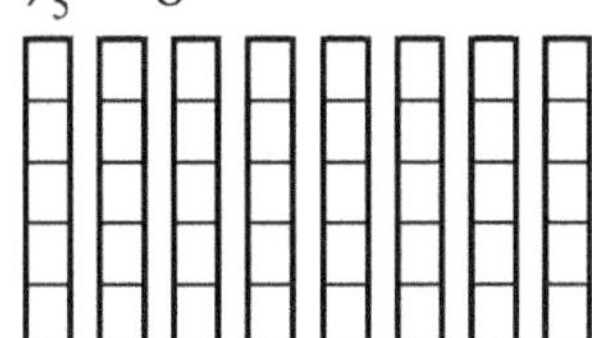

7) $\frac{1}{2} \times 8 =$

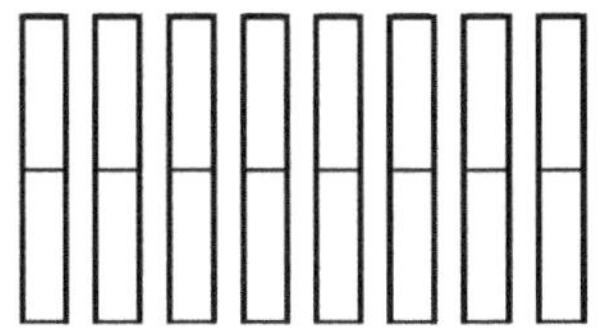

8) $\frac{2}{4} \times 4 =$

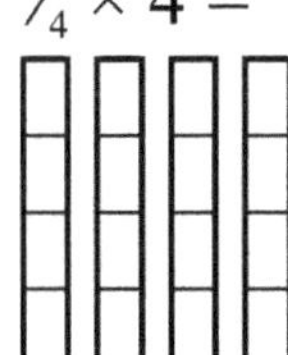

9) $\frac{2}{4} \times 2 =$

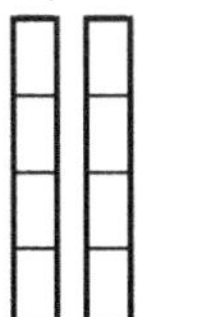

10) $\frac{6}{8} \times 2 =$

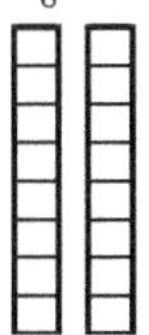

1. ______________
2. ______________
3. ______________
4. ______________
5. ______________
6. ______________
7. ______________
8. ______________
9. ______________
10. ______________

1) $\frac{9}{10} \times 6 =$

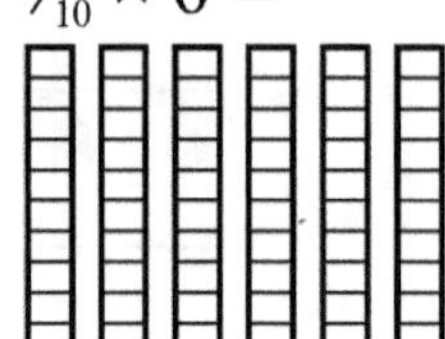

2) $\frac{7}{8} \times 7 =$

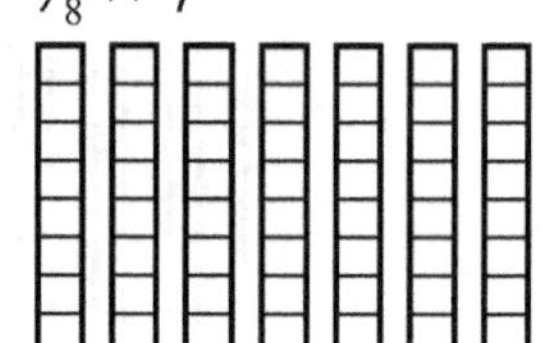

3) $\frac{2}{3} \times 4 =$

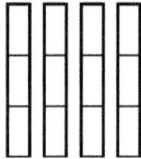

4) $\frac{5}{6} \times 5 =$

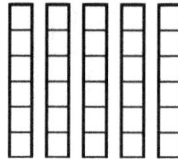

5) $\frac{2}{3} \times 5 =$

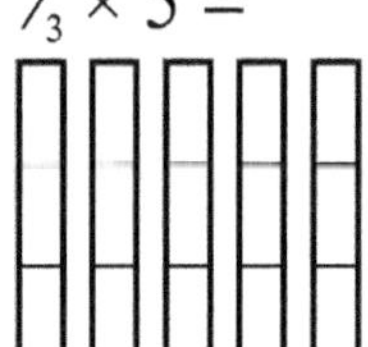

6) $\frac{1}{8} \times 5 =$

7) $\frac{9}{10} \times 8 =$

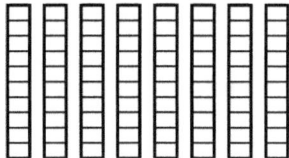

8) $\frac{2}{8} \times 9 =$

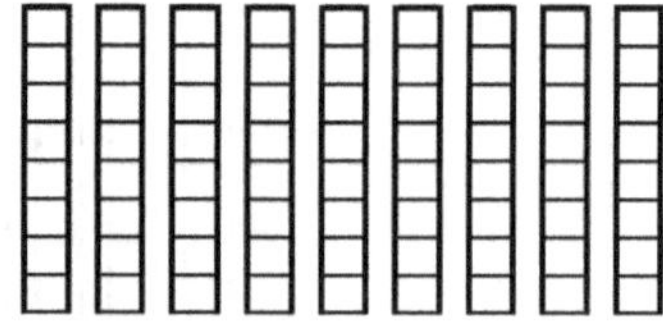

9) $\frac{3}{5} \times 4 =$

10) $\frac{2}{4} \times 7 =$

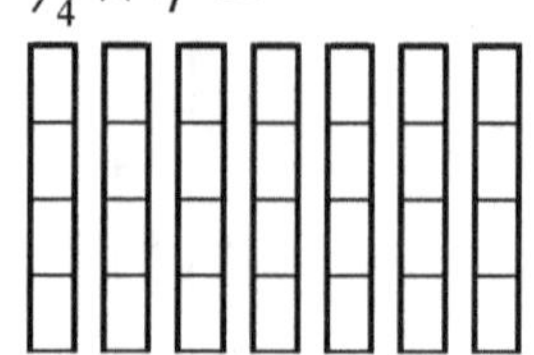

1. ____________
2. ____________
3. ____________
4. ____________
5. ____________
6. ____________
7. ____________
8. ____________
9. ____________
10. ____________

1) $\frac{2}{3} \times 9 =$

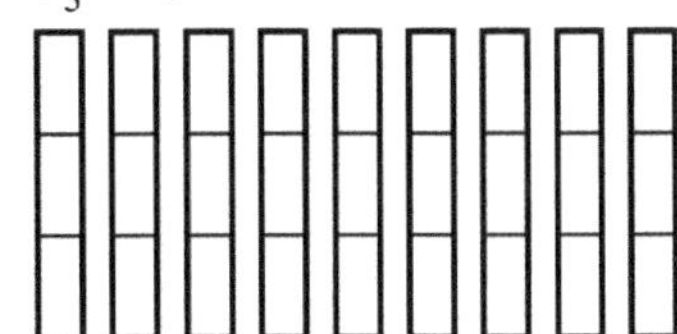

2) $\frac{7}{10} \times 7 =$

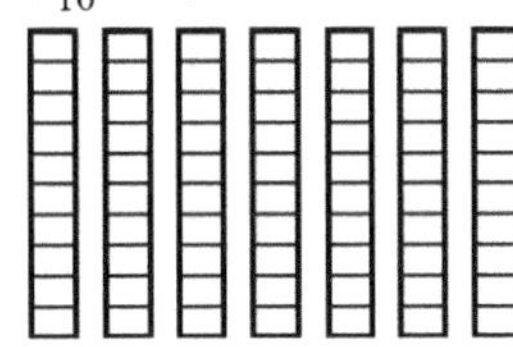

3) $\frac{6}{10} \times 2 =$

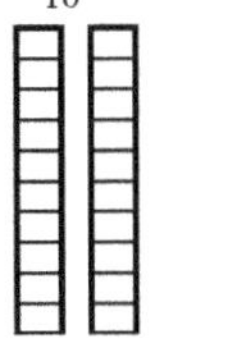

4) $\frac{2}{3} \times 7 =$

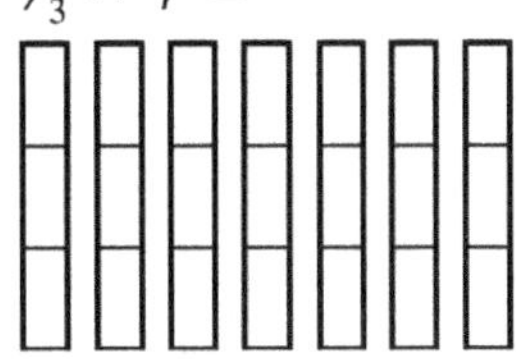

5) $\frac{1}{3} \times 5 =$

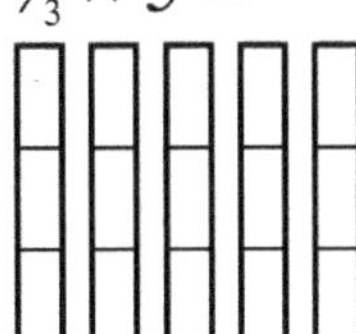

6) $\frac{2}{8} \times 7 =$

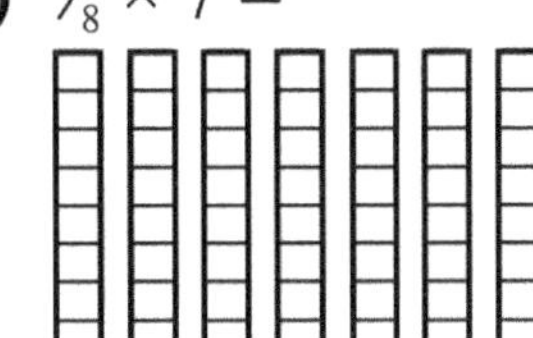

7) $\frac{2}{5} \times 9 =$

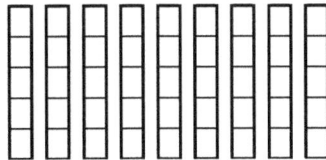

8) $\frac{1}{3} \times 3 =$

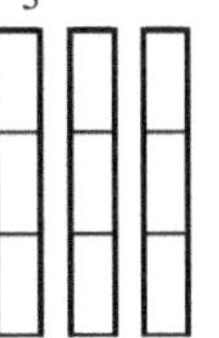

9) $\frac{1}{2} \times 5 =$

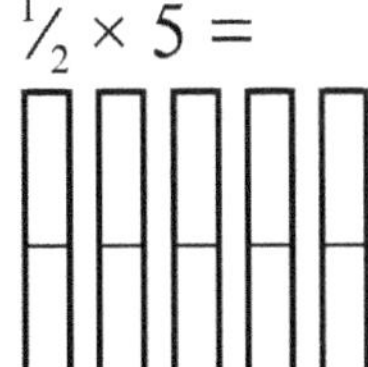

10) $\frac{3}{4} \times 9 =$

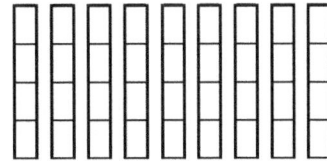

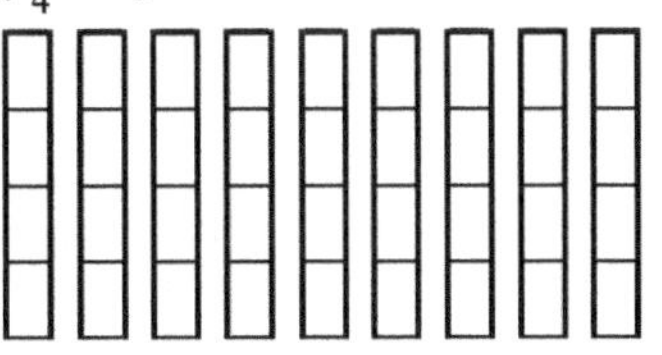

1. ______________
2. ______________
3. ______________
4. ______________
5. ______________
6. ______________
7. ______________
8. ______________
9. ______________
10. ______________

1) $\frac{1}{4} \times 7 =$

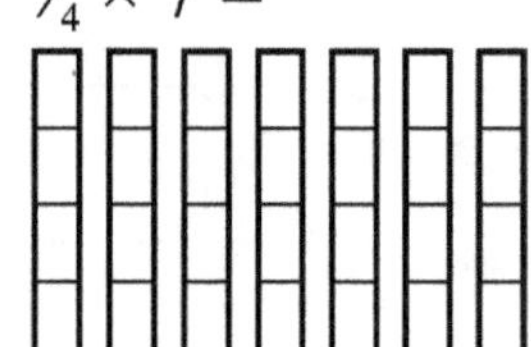

2) $\frac{6}{8} \times 9 =$

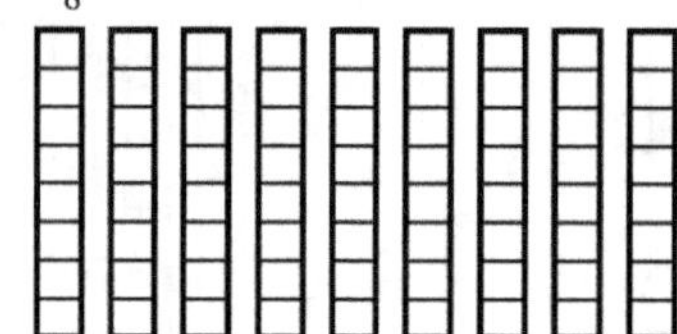

3) $\frac{7}{8} \times 3 =$

4) $\frac{2}{6} \times 9 =$

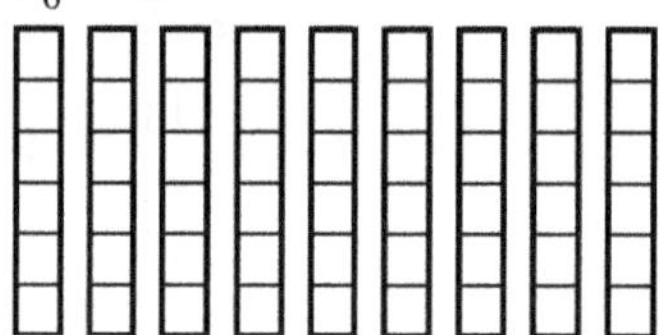

5) $\frac{1}{2} \times 9 =$

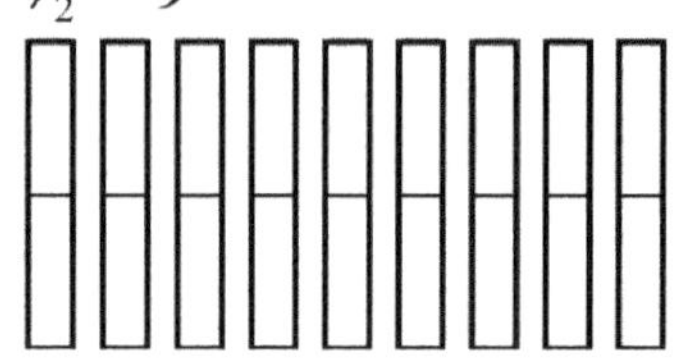

6) $\frac{1}{3} \times 6 =$

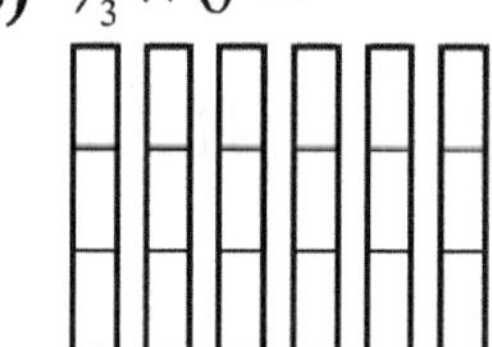

7) $\frac{1}{8} \times 3 =$

8) $\frac{2}{5} \times 5 =$

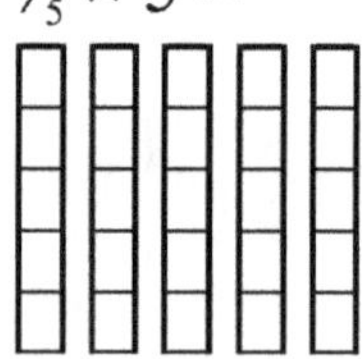

9) $\frac{5}{6} \times 4 =$

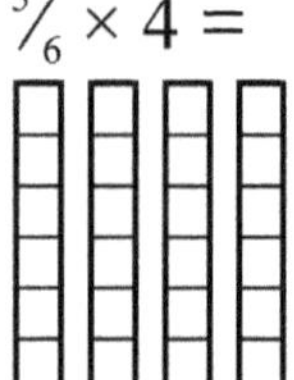

10) $\frac{1}{2} \times 6 =$

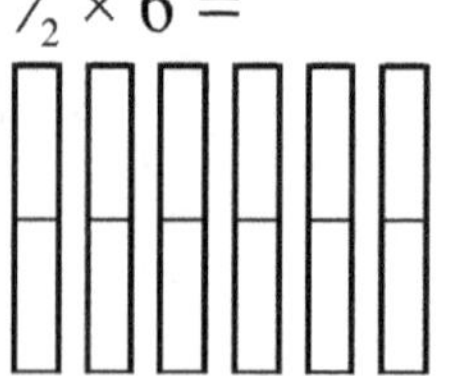

1. ______________
2. ______________
3. ______________
4. ______________
5. ______________
6. ______________
7. ______________
8. ______________
9. ______________
10. ______________

1) $\frac{5}{6} \times 5 =$

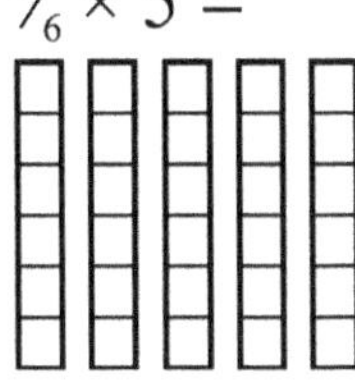

2) $\frac{2}{6} \times 8 =$

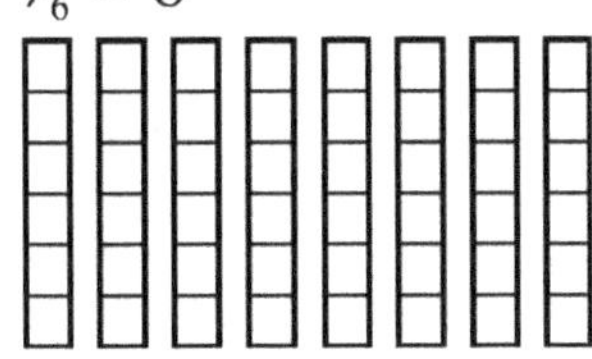

3) $\frac{5}{6} \times 5 =$

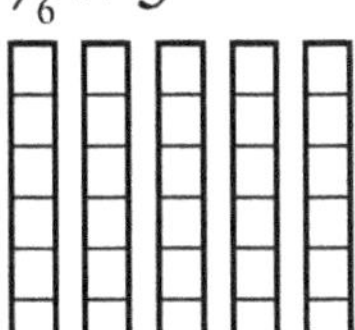

4) $\frac{1}{2} \times 6 =$

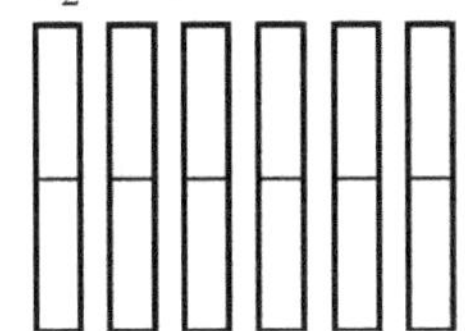

5) $\frac{2}{6} \times 9 =$

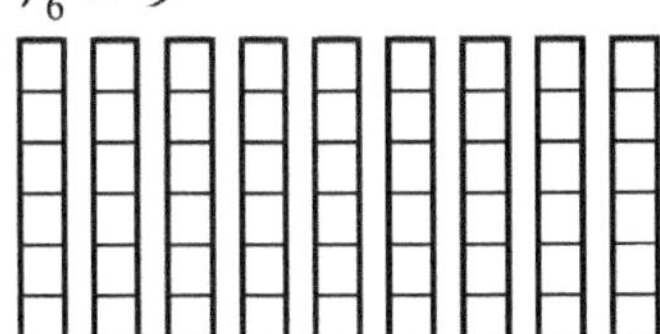

6) $\frac{2}{3} \times 3 =$

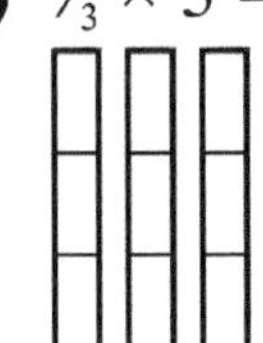

7) $\frac{2}{3} \times 5 =$

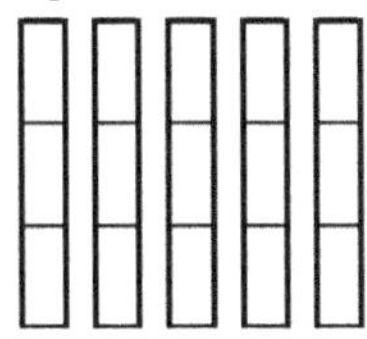

8) $\frac{3}{4} \times 3 =$

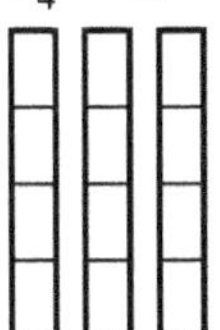

9) $\frac{5}{10} \times 3 =$

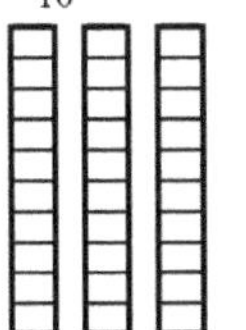

10) $\frac{3}{6} \times 8 =$

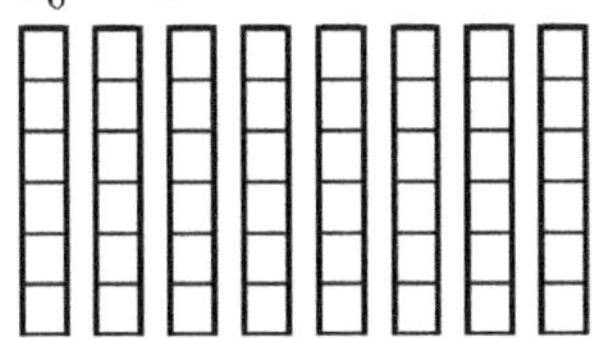

1. ____________
2. ____________
3. ____________
4. ____________

5. ____________
6. ____________
7. ____________
8. ____________
9. ____________
10. ____________

1) $\frac{1}{2} \times 4 =$

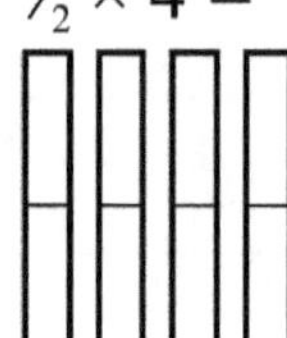

2) $\frac{1}{5} \times 8 =$

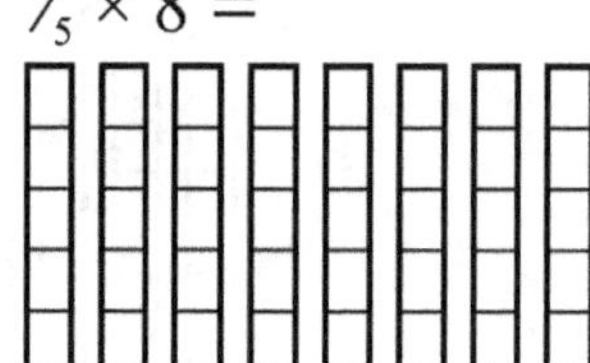

3) $\frac{7}{8} \times 8 =$

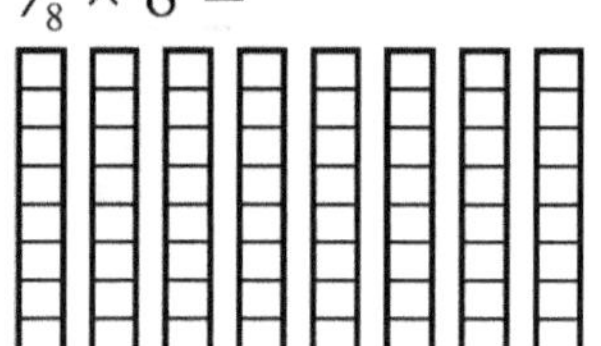

4) $\frac{6}{10} \times 5 =$

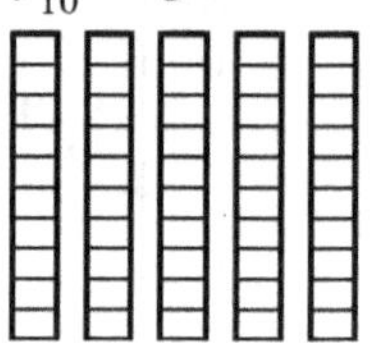

5) $\frac{2}{3} \times 3 =$

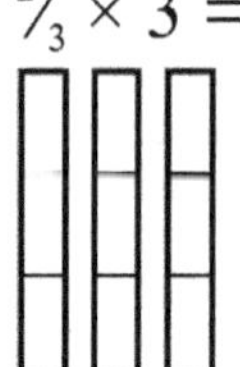

6) $\frac{6}{8} \times 5 =$

7) $\frac{5}{8} \times 4 =$

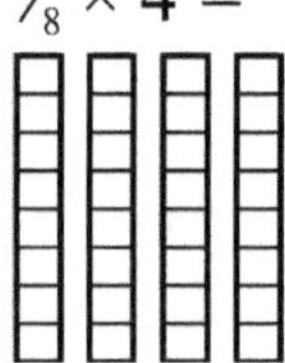

8) $\frac{1}{3} \times 8 =$

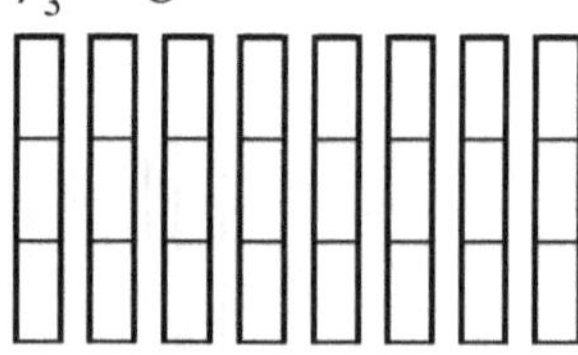

9) $\frac{3}{8} \times 8 =$

10) $\frac{6}{8} \times 7 =$

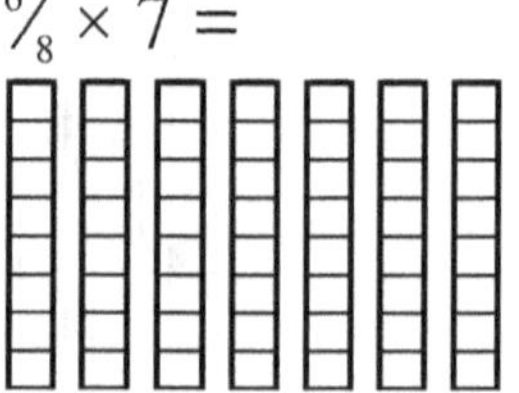

1. ____________
2. ____________
3. ____________
4. ____________
5. ____________
6. ____________
7. ____________
8. ____________
9. ____________
10. ____________

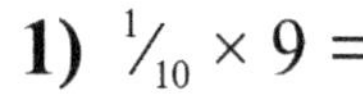

1) $\frac{1}{10} \times 9 =$

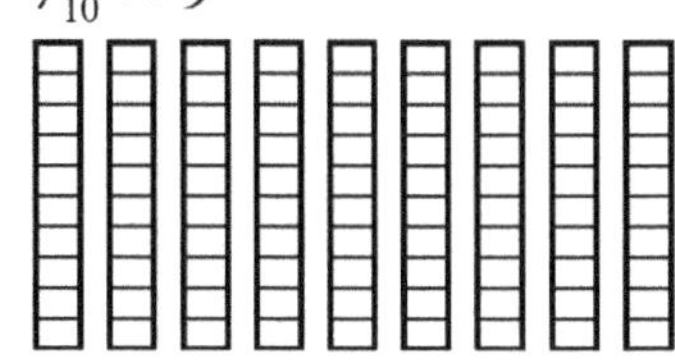

2) $\frac{3}{10} \times 6 =$

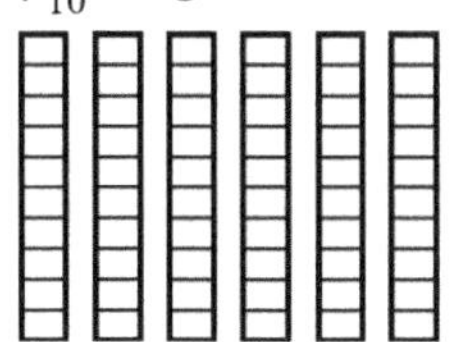

3) $\frac{3}{5} \times 4 =$

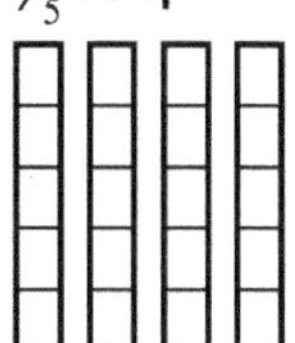

4) $\frac{4}{6} \times 8 =$

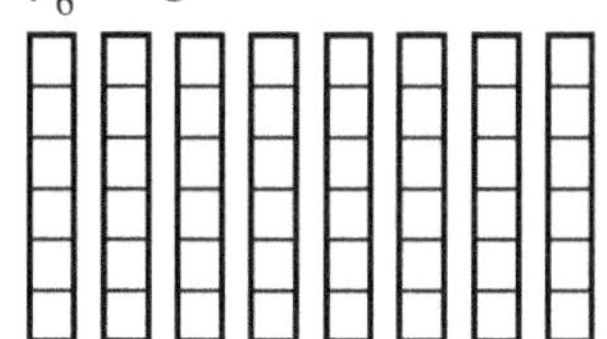

5) $\frac{3}{4} \times 9 =$

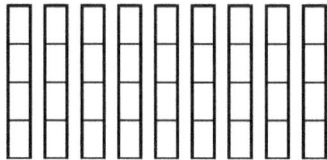

6) $\frac{3}{5} \times 3 =$

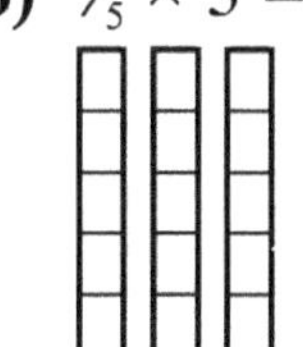

7) $\frac{1}{3} \times 7 =$

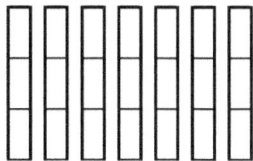

8) $\frac{3}{10} \times 3 =$

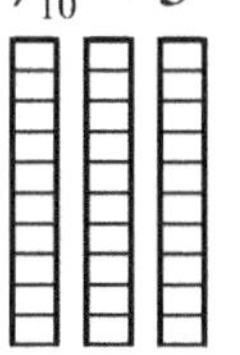

9) $\frac{3}{6} \times 8 =$

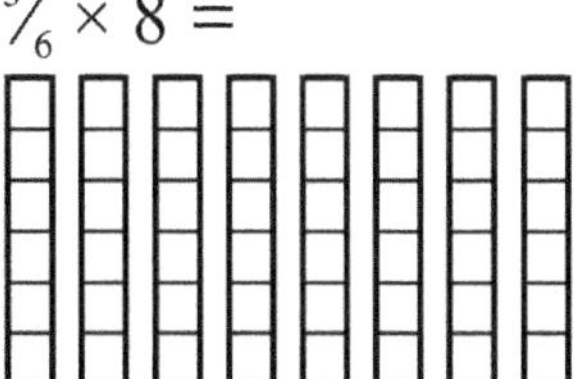

10) $\frac{1}{2} \times 5 =$

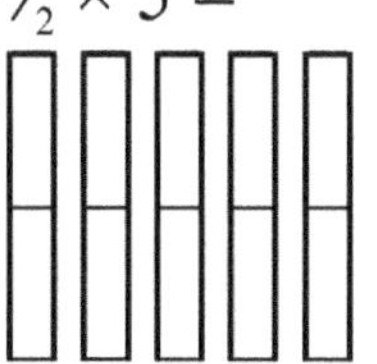

1. ____________

2. ____________

3. ____________

4. ____________

5. ____________

6. ____________

7. ____________

8. ____________

9. ____________

10. ____________

1) $\frac{4}{6} \times 9 =$

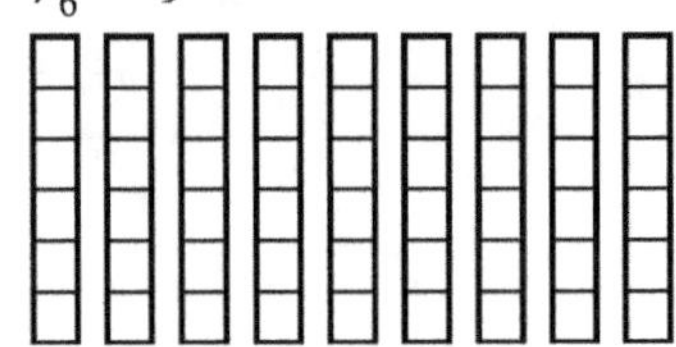

2) $\frac{2}{10} \times 2 =$

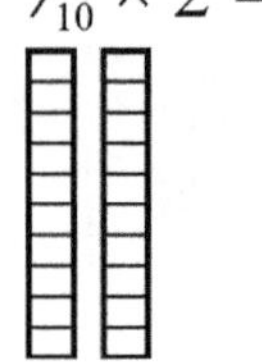

3) $\frac{4}{8} \times 4 =$

4) $\frac{4}{8} \times 4 =$

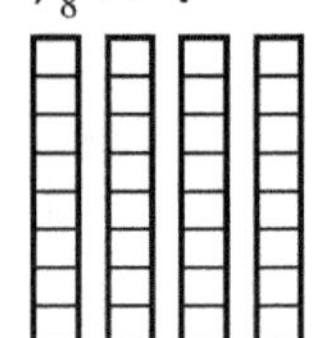

5) $\frac{1}{2} \times 7 =$

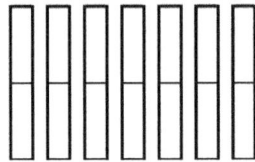

6) $\frac{1}{2} \times 2 =$

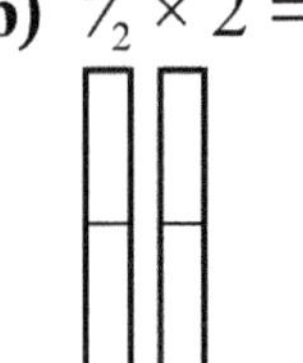

7) $\frac{2}{4} \times 6 =$

8) $\frac{2}{3} \times 8 =$

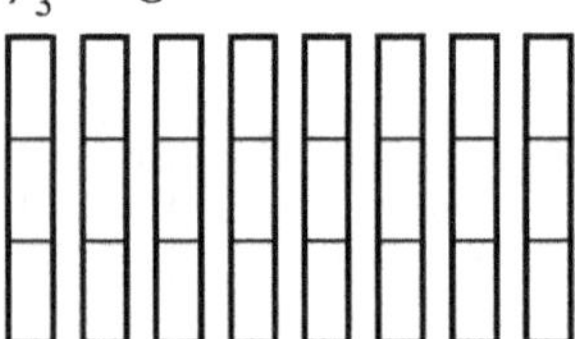

9) $\frac{2}{4} \times 8 =$

10) $\frac{4}{6} \times 6 =$

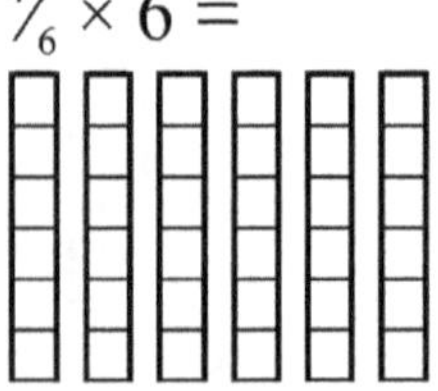

1. __________
2. __________
3. __________
4. __________
5. __________
6. __________
7. __________
8. __________
9. __________
10. __________

1) $\frac{1}{5} \times 3 =$

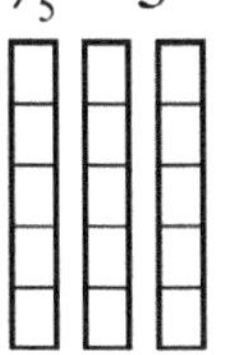

2) $\frac{2}{8} \times 9 =$

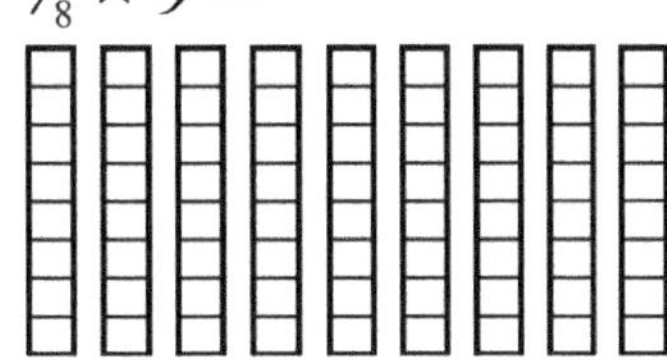

3) $\frac{3}{4} \times 4 =$

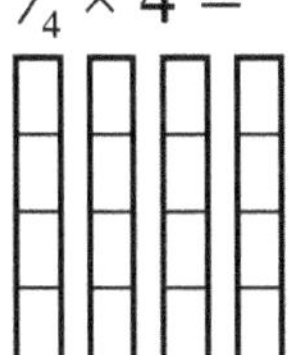

4) $\frac{2}{4} \times 3 =$

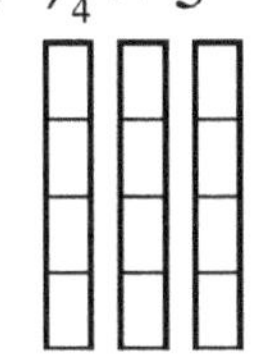

5) $\frac{2}{3} \times 3 =$

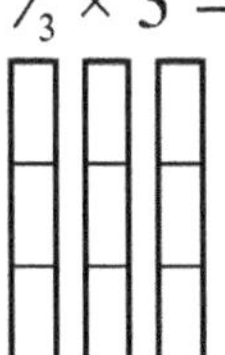

6) $\frac{1}{2} \times 3 =$

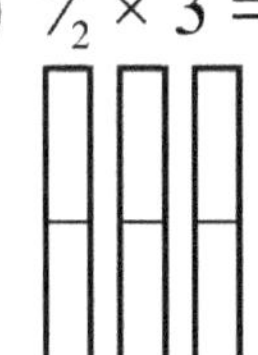

7) $\frac{1}{6} \times 7 =$

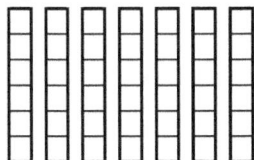

8) $\frac{3}{4} \times 6 =$

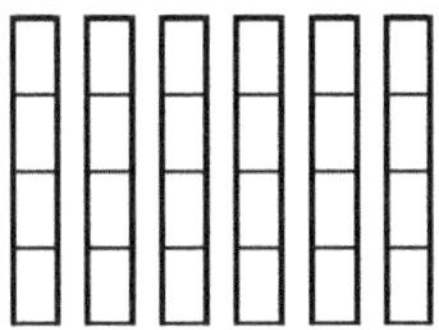

9) $\frac{3}{8} \times 3 =$

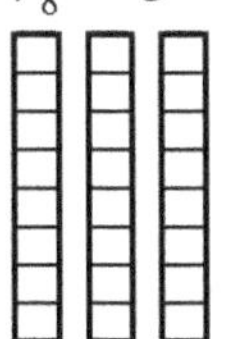

10) $\frac{5}{8} \times 5 =$

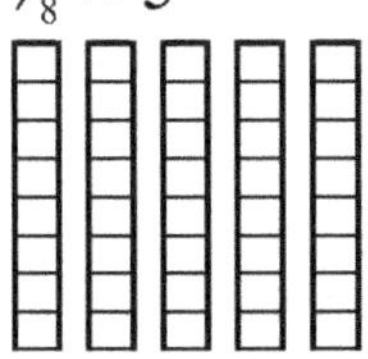

1. ____________
2. ____________
3. ____________
4. ____________
5. ____________
6. ____________
7. ____________
8. ____________
9. ____________
10. ____________

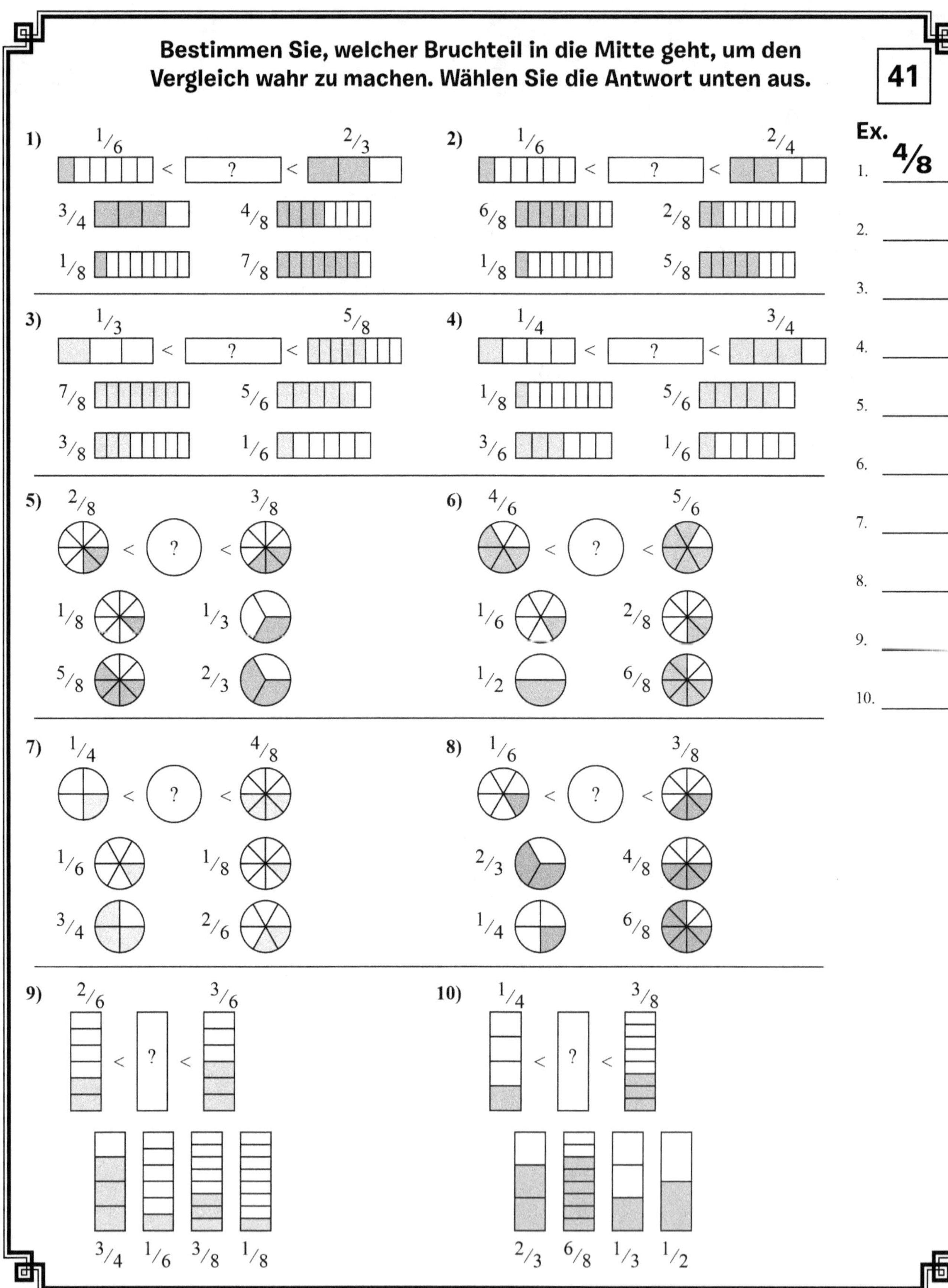
Bestimmen Sie, welcher Bruchteil in die Mitte geht, um den Vergleich wahr zu machen. Wählen Sie die Antwort unten aus.
41
Ex. 4/8
1) 1/6 < ? < 2/3
3/4 4/8 1/8 7/8
2) 1/6 < ? < 2/4
6/8 2/8 1/8 5/8
3) 1/3 < ? < 5/8
7/8 5/6 3/8 1/6
4) 1/4 < ? < 3/4
1/8 5/6 3/6 1/6
5) 2/8 < ? < 3/8
1/8 1/3 5/8 2/3
6) 4/6 < ? < 5/6
1/6 2/8 1/2 6/8
7) 1/4 < ? < 4/8
1/6 1/8 3/4 2/6
8) 1/6 < ? < 3/8
2/3 4/8 1/4 6/8
9) 2/6 < ? < 3/6
3/4 1/6 3/8 1/8
10) 1/4 < ? < 3/8
2/3 6/8 1/3 1/2
1.
2.
3.
4.
5.
6.
7.
8.
9.
10.

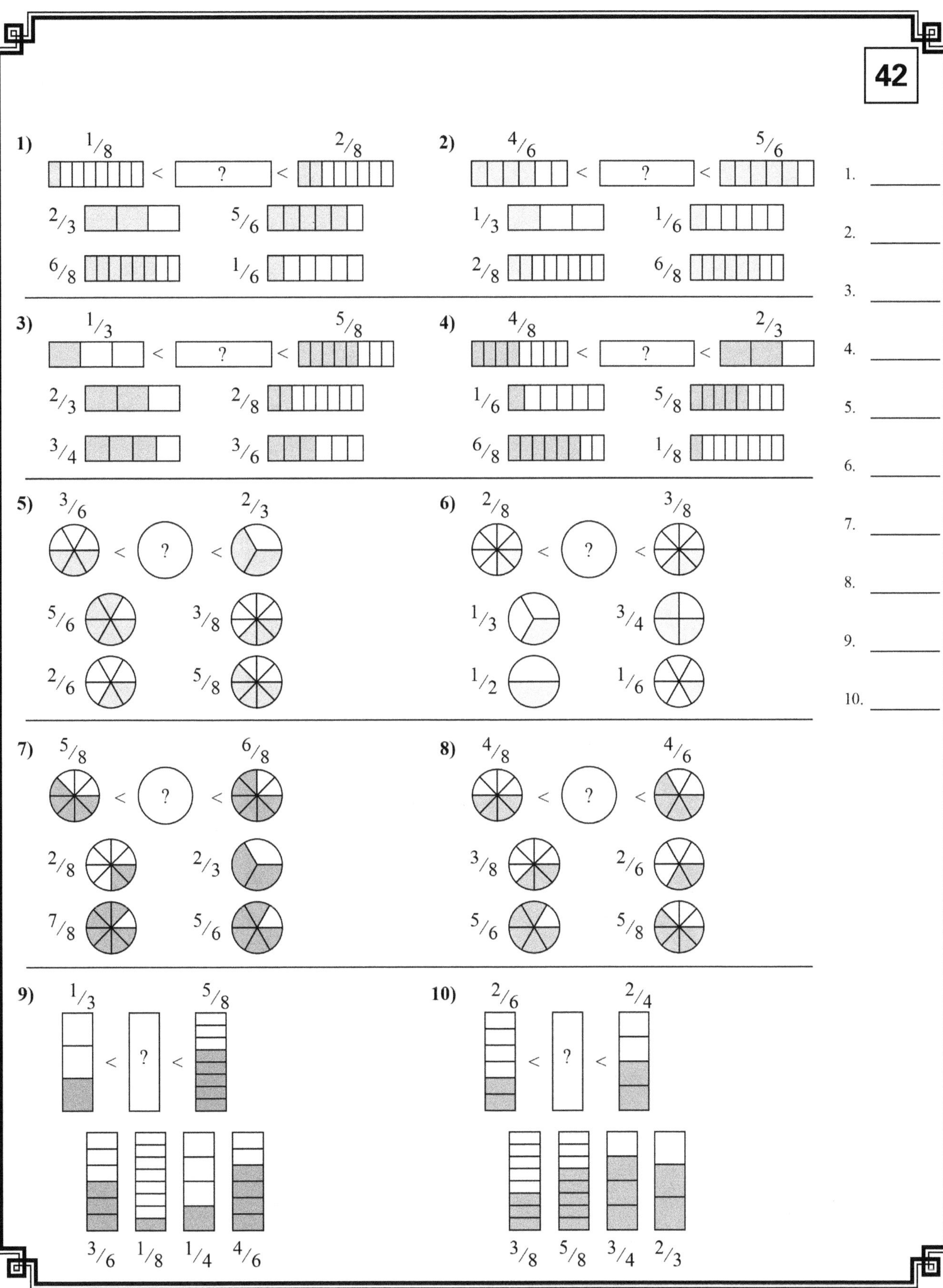

42
1) 1/8 < ? < 2/8
2/3
5/6
6/8
1/6
2) 4/6 < ? < 5/6
1/3
1/6
2/8
6/8
3) 1/3 < ? < 5/8
2/3
2/8
3/4
3/6
4) 4/8 < ? < 2/3
1/6
5/8
6/8
1/8
5) 3/6 < ? < 2/3
5/6
3/8
2/6
5/8
6) 2/8 < ? < 3/8
1/3
3/4
1/2
1/6
7) 5/8 < ? < 6/8
2/8
2/3
7/8
5/6
8) 4/8 < ? < 4/6
3/8
2/6
5/6
5/8
9) 1/3 < ? < 5/8
3/6
1/8
1/4
4/6
10) 2/6 < ? < 2/4
3/8
5/8
3/4
2/3
1.
2.
3.
4.
5.
6.
7.
8.
9.
10.

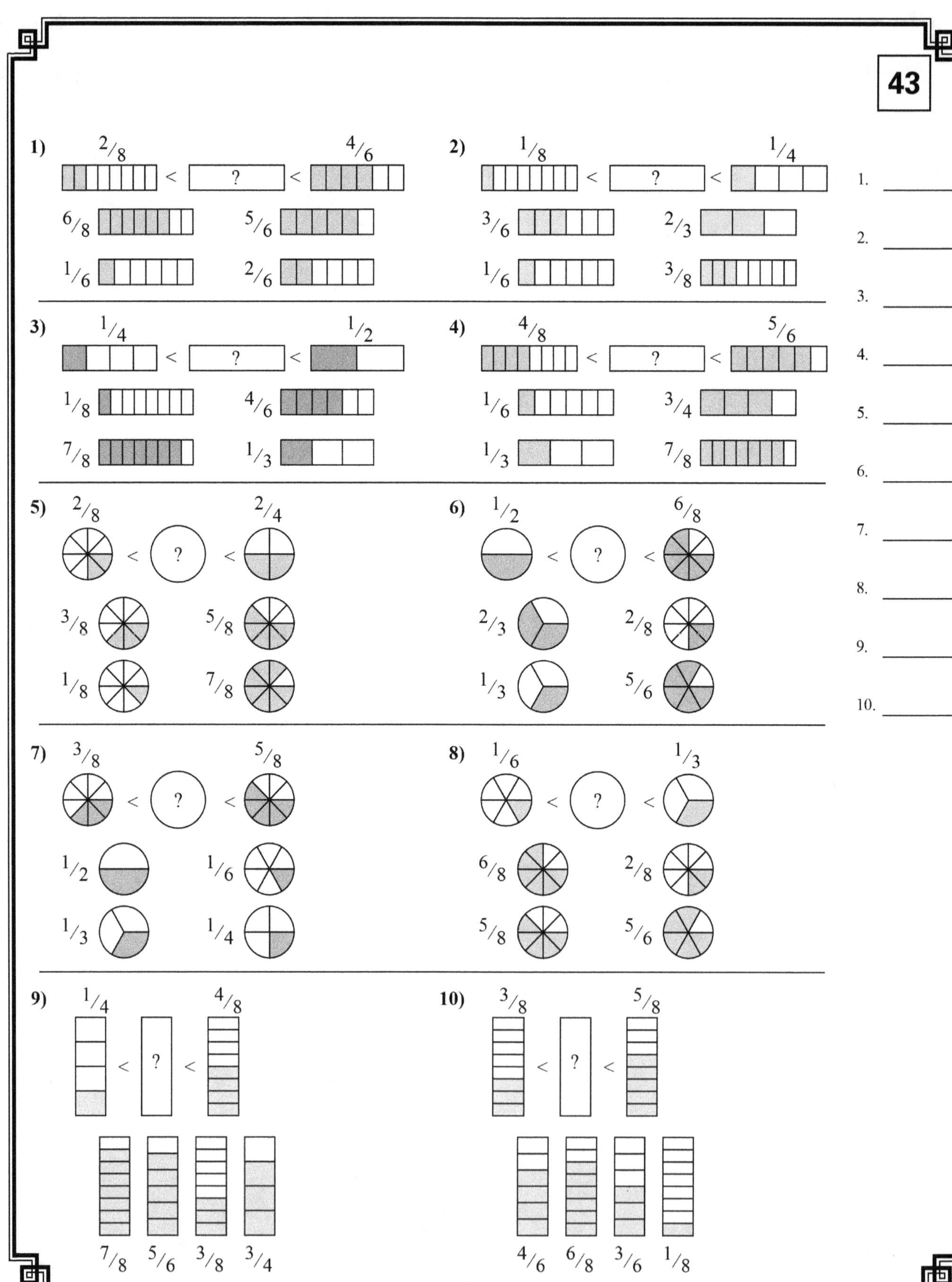
43
1) 2/8 < ? < 4/6
6/8 5/6
1/6 2/6
2) 1/8 < ? < 1/4
3/6 2/3
1/6 3/8
3) 1/4 < ? < 1/2
1/8 4/6
7/8 1/3
4) 4/8 < ? < 5/6
1/6 3/4
1/3 7/8
5) 2/8 < ? < 2/4
3/8 5/8
1/8 7/8
6) 1/2 < ? < 6/8
2/3 2/8
1/3 5/6
7) 3/8 < ? < 5/8
1/2 1/6
1/3 1/4
8) 1/6 < ? < 1/3
6/8 2/8
5/8 5/6
9) 1/4 < ? < 4/8
7/8 5/6 3/8 3/4
10) 3/8 < ? < 5/8
4/6 6/8 3/6 1/8
1. ______
2. ______
3. ______
4. ______
5. ______
6. ______
7. ______
8. ______
9. ______
10. ______

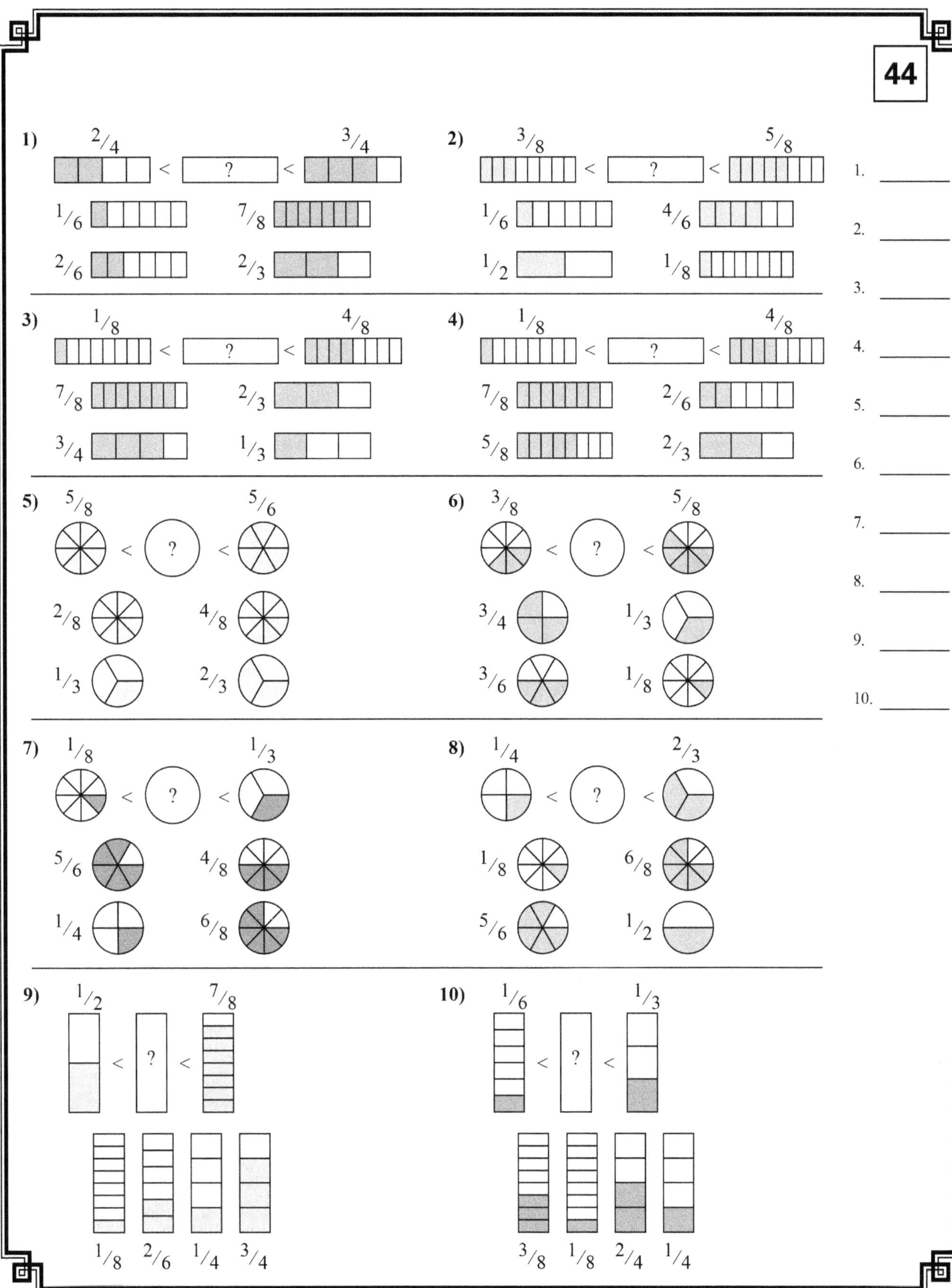
1) 2/4 < ? < 3/4
1/6 7/8
2/6 2/3
2) 3/8 < ? < 5/8
1/6 4/6
1/2 1/8
3) 1/8 < ? < 4/8
7/8 2/3
3/4 1/3
4) 1/8 < ? < 4/8
7/8 2/6
5/8 2/3
5) 5/8 < ? < 5/6
2/8 4/8
1/3 2/3
6) 3/8 < ? < 5/8
3/4 1/3
3/6 1/8
7) 1/8 < ? < 1/3
5/6 4/8
1/4 6/8
8) 1/4 < ? < 2/3
1/8 6/8
5/6 1/2
9) 1/2 < ? < 7/8
1/8 2/6 1/4 3/4
10) 1/6 < ? < 1/3
3/8 1/8 2/4 1/4
1. ________
2. ________
3. ________
4. ________
5. ________
6. ________
7. ________
8. ________
9. ________
10. ________

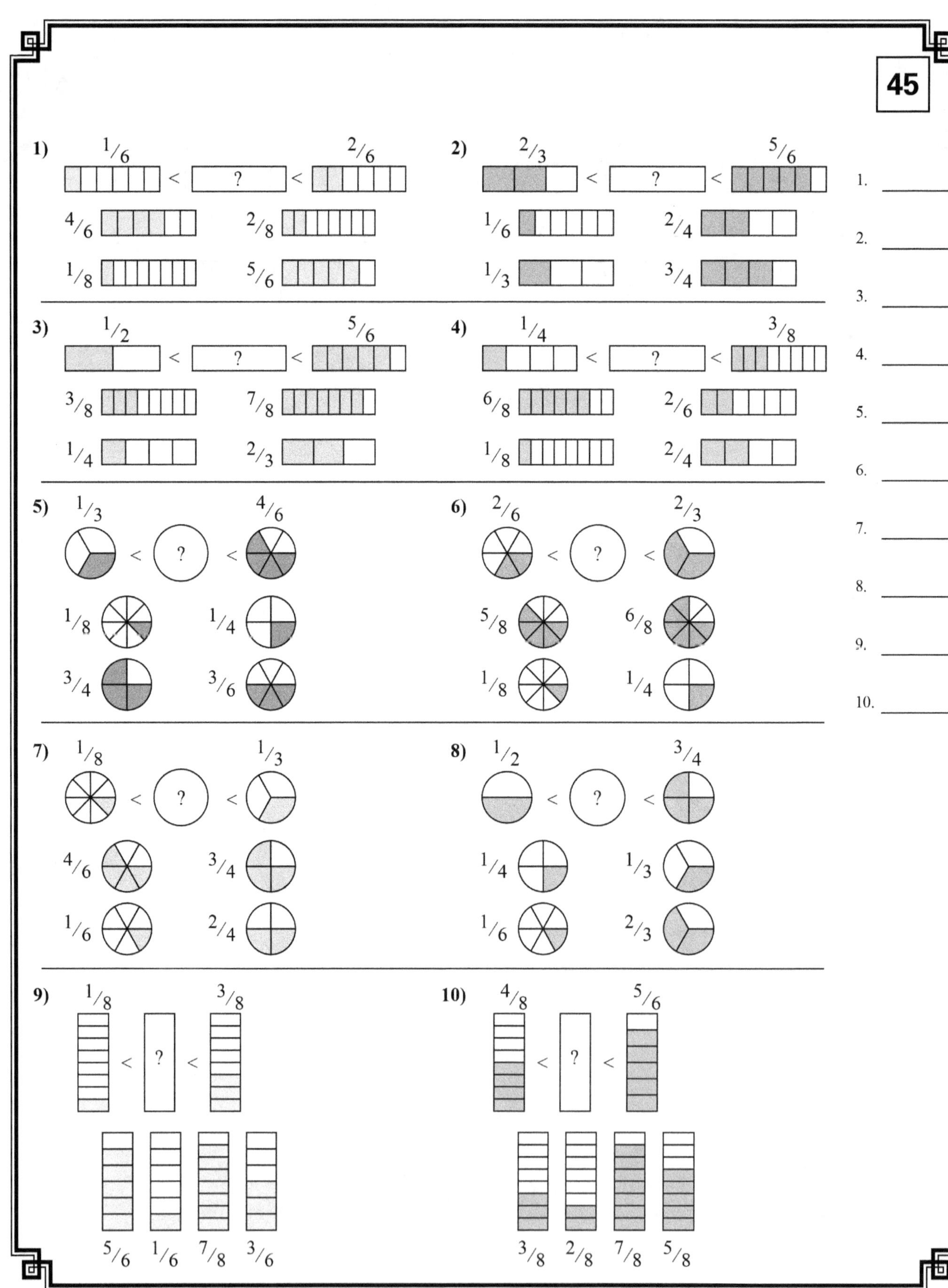
45
1) 1/6 < ? < 2/6
4/6 2/8
1/8 5/6
2) 2/3 < ? < 5/6
1/6 2/4
1/3 3/4
3) 1/2 < ? < 5/6
3/8 7/8
1/4 2/3
4) 1/4 < ? < 3/8
6/8 2/6
1/8 2/4
5) 1/3 < ? < 4/6
1/8 1/4
3/4 3/6
6) 2/6 < ? < 2/3
5/8 6/8
1/8 1/4
7) 1/8 < ? < 1/3
4/6 3/4
1/6 2/4
8) 1/2 < ? < 3/4
1/4 1/3
1/6 2/3
9) 1/8 < ? < 3/8
5/6 1/6 7/8 3/6
10) 4/8 < ? < 5/6
3/8 2/8 7/8 5/8
1. 2. 3. 4. 5. 6. 7. 8. 9. 10.

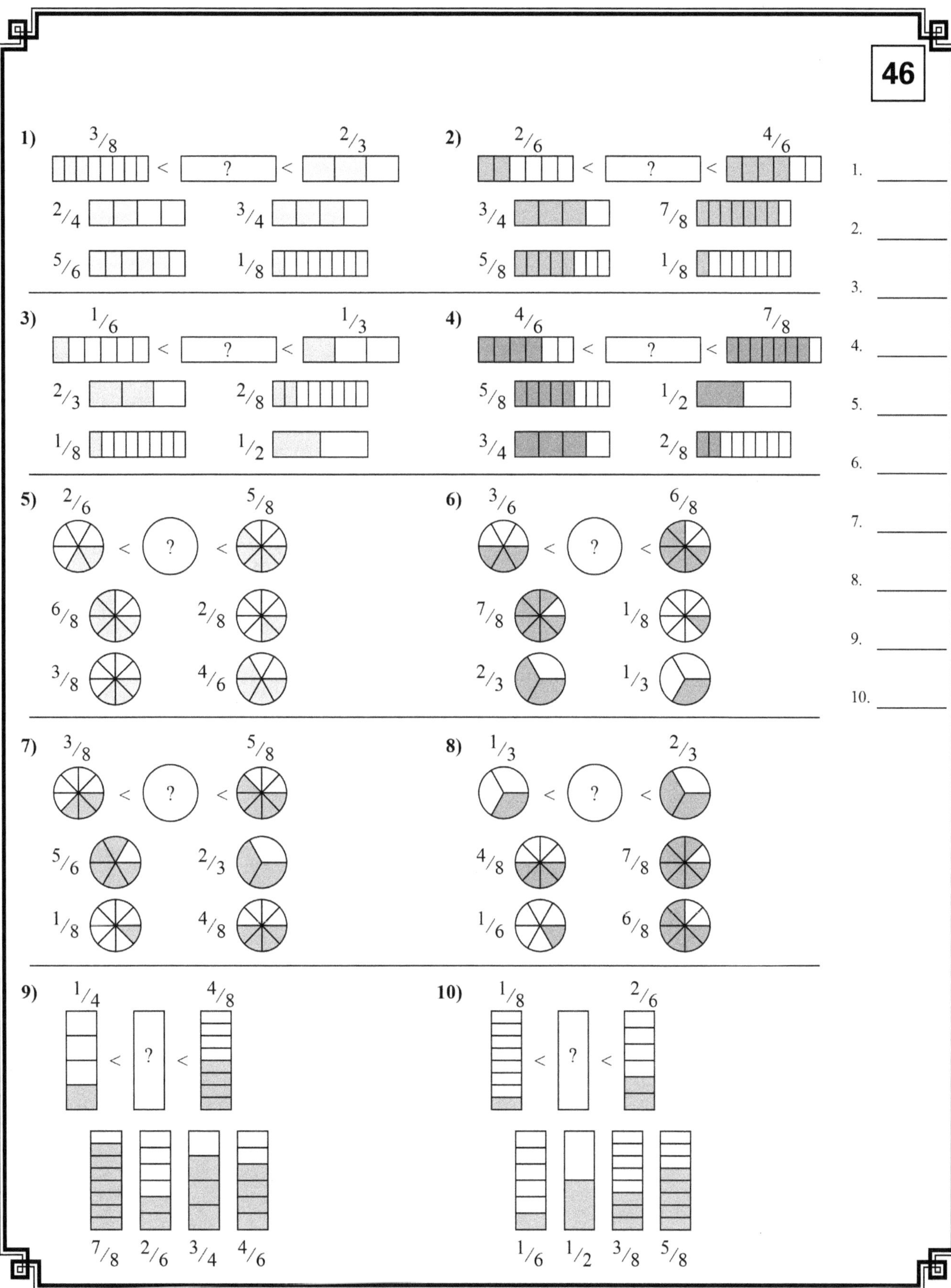

46
1) 3/8 < ? < 2/3
2/4 3/4
5/6 1/8
2) 2/6 < ? < 4/6
3/4 7/8
5/8 1/8
3) 1/6 < ? < 1/3
2/3 2/8
1/8 1/2
4) 4/6 < ? < 7/8
5/8 1/2
3/4 2/8
5) 2/6 < ? < 5/8
6/8 2/8
3/8 4/6
6) 3/6 < ? < 6/8
7/8 1/8
2/3 1/3
7) 3/8 < ? < 5/8
5/6 2/3
1/8 4/8
8) 1/3 < ? < 2/3
4/8 7/8
1/6 6/8
9) 1/4 < ? < 4/8
7/8 2/6 3/4 4/6
10) 1/8 < ? < 2/6
1/6 1/2 3/8 5/8
1.
2.
3.
4.
5.
6.
7.
8.
9.
10.

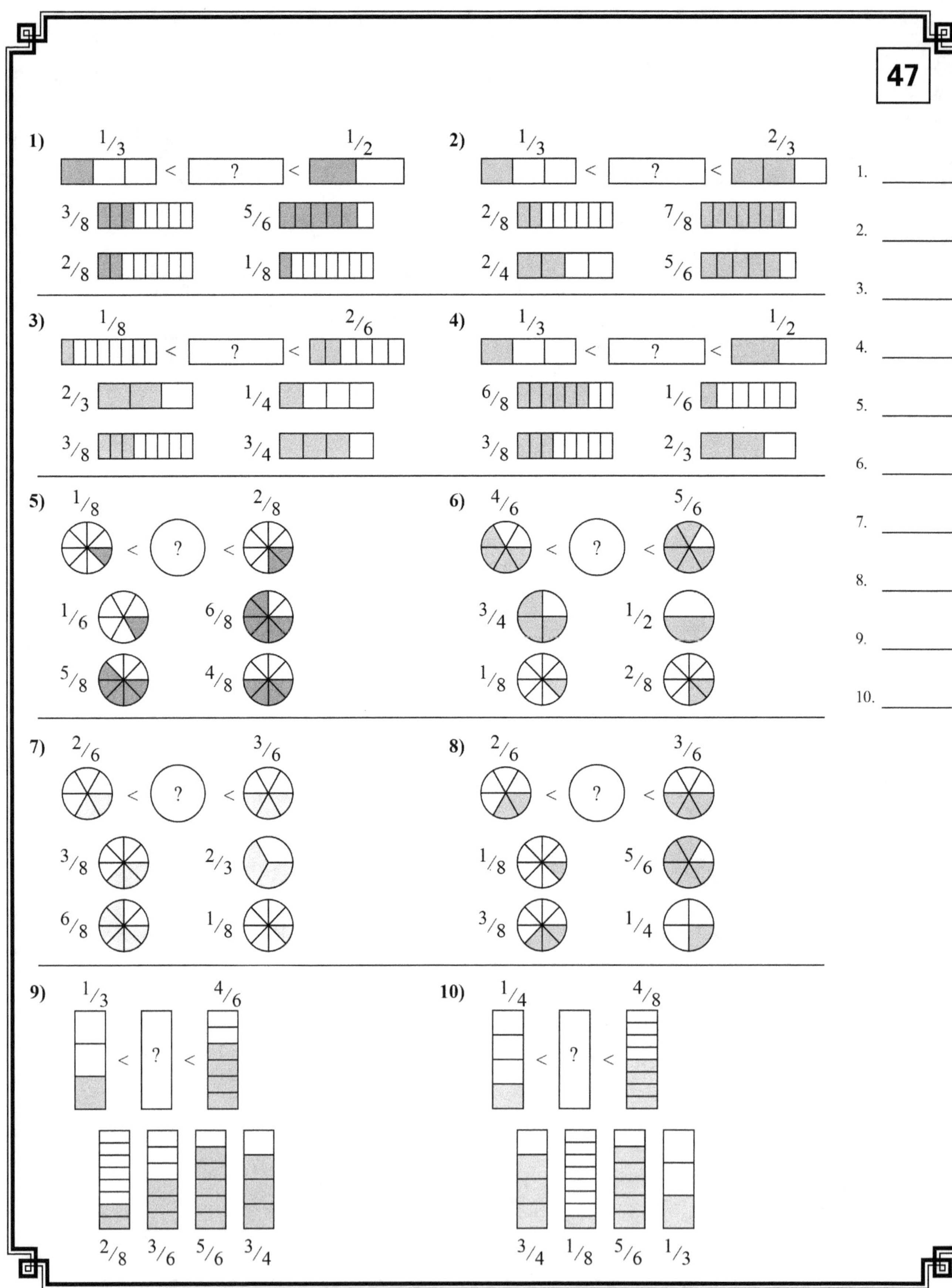
47
1) 1/3 < ? < 1/2
3/8 5/6
2/8 1/8
2) 1/3 < ? < 2/3
2/8 7/8
2/4 5/6
3) 1/8 < ? < 2/6
2/3 1/4
3/8 3/4
4) 1/3 < ? < 1/2
6/8 1/6
3/8 2/3
5) 1/8 < ? < 2/8
1/6 6/8
5/8 4/8
6) 4/6 < ? < 5/6
3/4 1/2
1/8 2/8
7) 2/6 < ? < 3/6
3/8 2/3
6/8 1/8
8) 2/6 < ? < 3/6
1/8 5/6
3/8 1/4
9) 1/3 < ? < 4/6
2/8 3/6 5/6 3/4
10) 1/4 < ? < 4/8
3/4 1/8 5/6 1/3
1.
2.
3.
4.
5.
6.
7.
8.
9.
10.

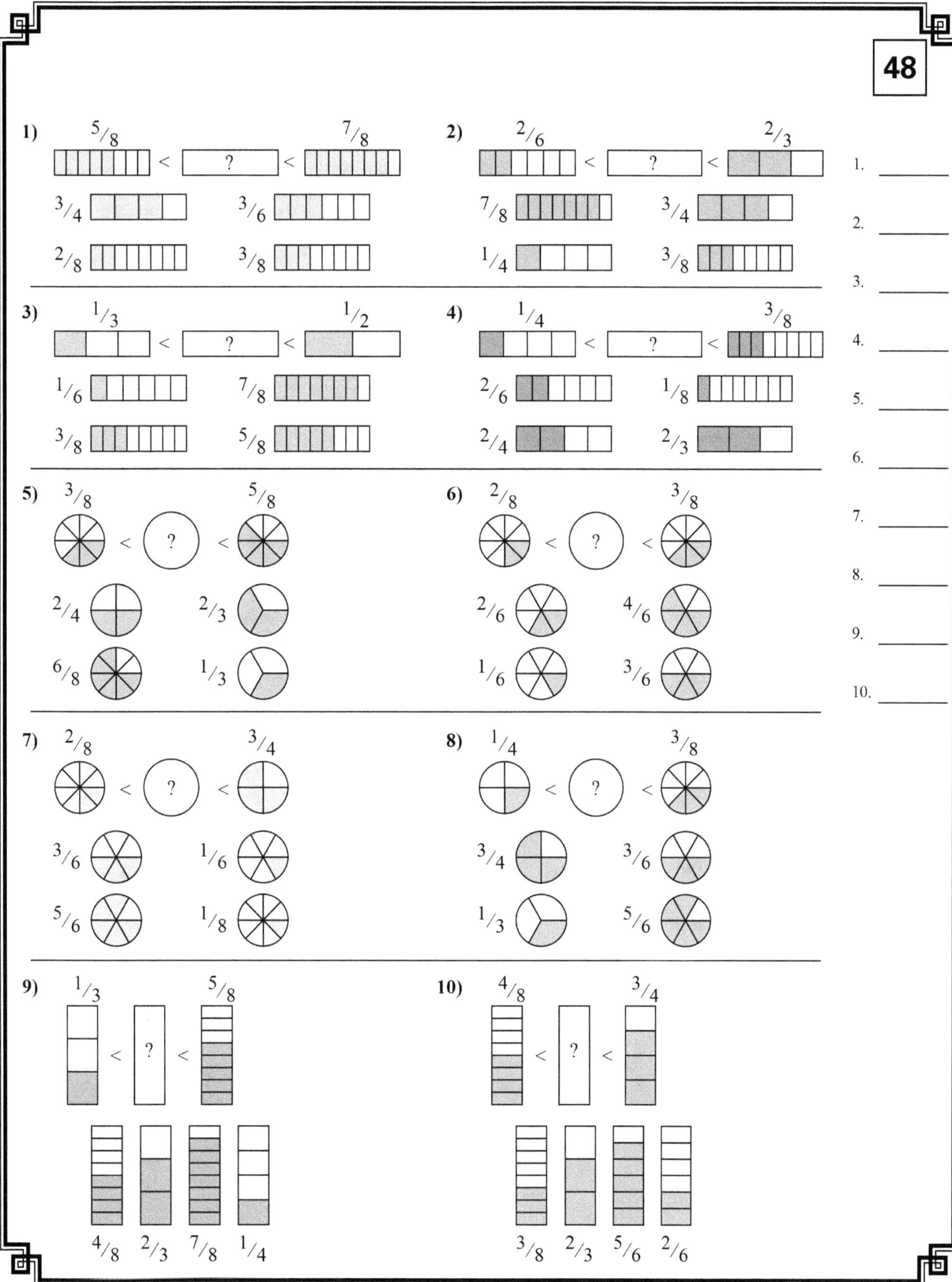
48
1) 5/8 < ? < 7/8
3/4 3/6
2/8 3/8
2) 2/6 < ? < 2/3
7/8 3/4
1/4 3/8
3) 1/3 < ? < 1/2
1/6 7/8
3/8 5/8
4) 1/4 < ? < 3/8
2/6 1/8
2/4 2/3
5) 3/8 < ? < 5/8
2/4 2/3
6/8 1/3
6) 2/8 < ? < 3/8
2/6 4/6
1/6 3/6
7) 2/8 < ? < 3/4
3/6 1/6
5/6 1/8
8) 1/4 < ? < 3/8
3/4 3/6
1/3 5/6
9) 1/3 < ? < 5/8
4/8 2/3 7/8 1/4
10) 4/8 < ? < 3/4
3/8 2/3 5/6 2/6
1.
2.
3.
4.
5.
6.
7.
8.
9.
10.

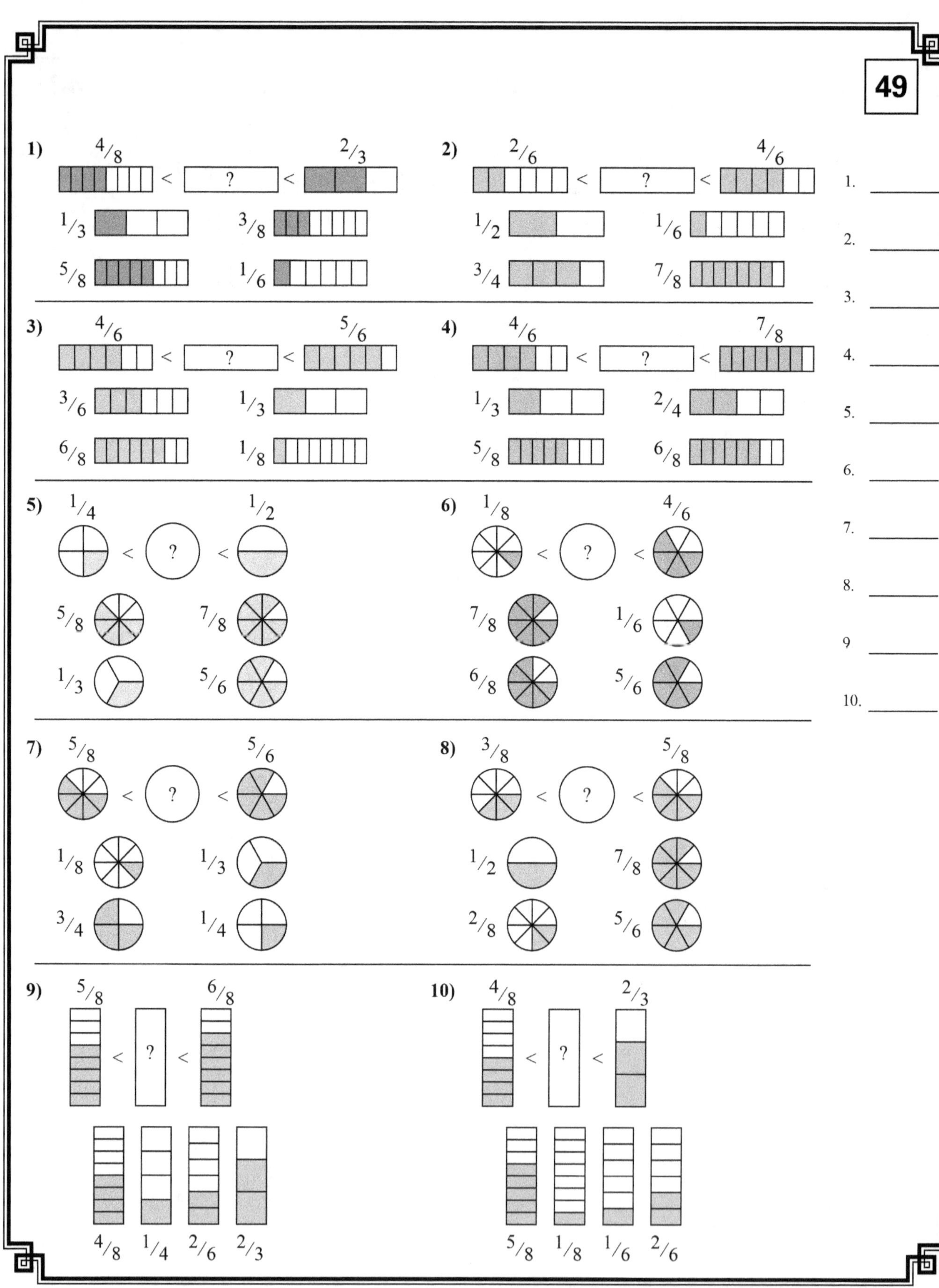
49
1) 4/8 < ? < 2/3
1/3 3/8
5/8 1/6
2) 2/6 < ? < 4/6
1/2 1/6
3/4 7/8
3) 4/6 < ? < 5/6
3/6 1/3
6/8 1/8
4) 4/6 < ? < 7/8
1/3 2/4
5/8 6/8
5) 1/4 < ? < 1/2
5/8 7/8
1/3 5/6
6) 1/8 < ? < 4/6
7/8 1/6
6/8 5/6
7) 5/8 < ? < 5/6
1/8 1/3
3/4 1/4
8) 3/8 < ? < 5/8
1/2 7/8
2/8 5/6
9) 5/8 < ? < 6/8
4/8 1/4 2/6 2/3
10) 4/8 < ? < 2/3
5/8 1/8 1/6 2/6
1.
2.
3.
4.
5.
6.
7.
8.
9
10.

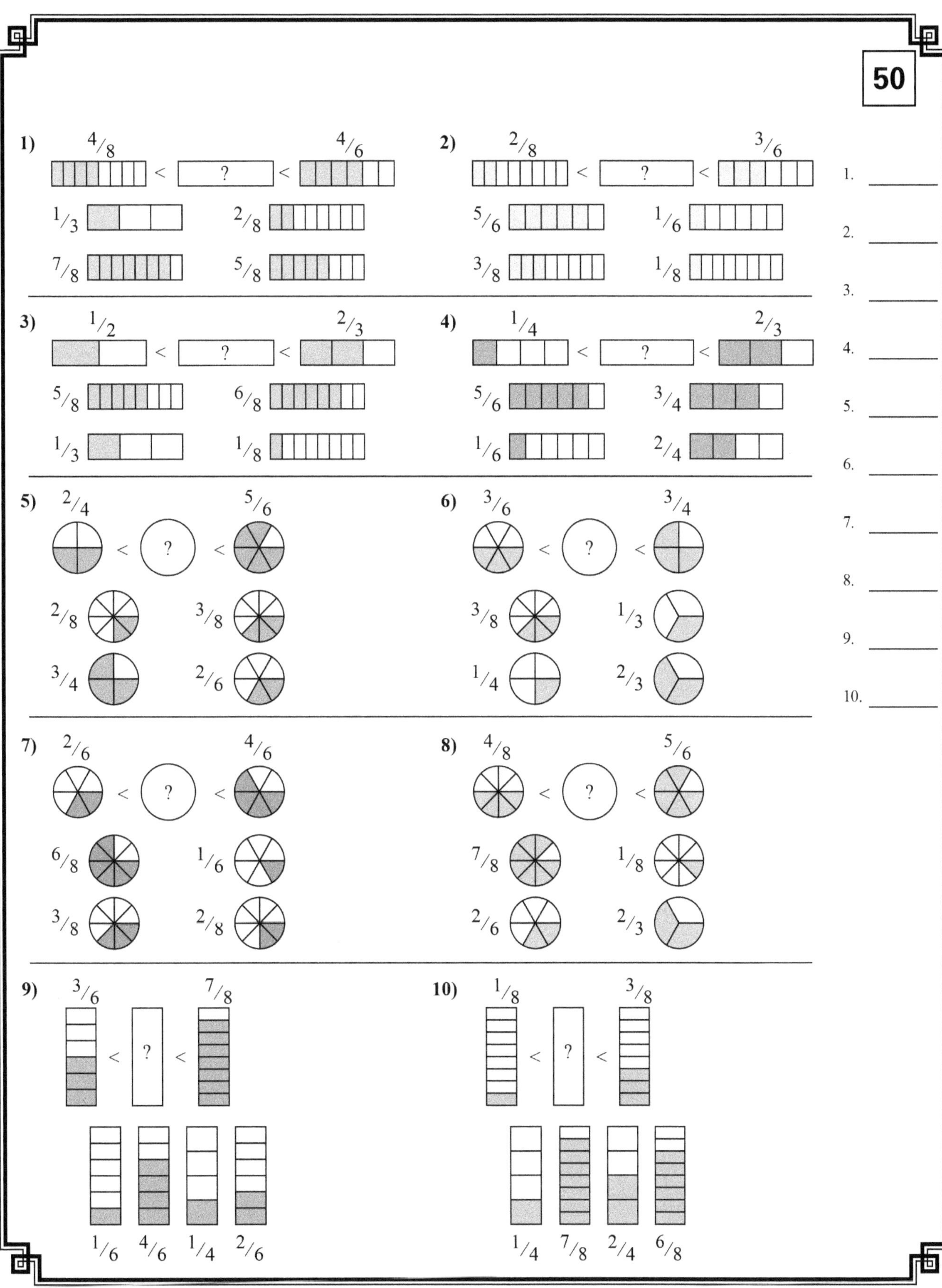

50
1) 4/8 < ? < 4/6
1/3 2/8
7/8 5/8
2) 2/8 < ? < 3/6
5/6 1/6
3/8 1/8
3) 1/2 < ? < 2/3
5/8 6/8
1/3 1/8
4) 1/4 < ? < 2/3
5/6 3/4
1/6 2/4
5) 2/4 < ? < 5/6
2/8 3/8
3/4 2/6
6) 3/6 < ? < 3/4
3/8 1/3
1/4 2/3
7) 2/6 < ? < 4/6
6/8 1/6
3/8 2/8
8) 4/8 < ? < 5/6
7/8 1/8
2/6 2/3
9) 3/6 < ? < 7/8
1/6 4/6 1/4 2/6
10) 1/8 < ? < 3/8
1/4 7/8 2/4 6/8
1. ________
2. ________
3. ________
4. ________
5. ________
6. ________
7. ________
8. ________
9. ________
10. ________

Bestimmen Sie, welcher Buchstabe am besten einen äquivalenten Bruch darstellt. Wählen Sie die Antwort unten aus.

51

1) 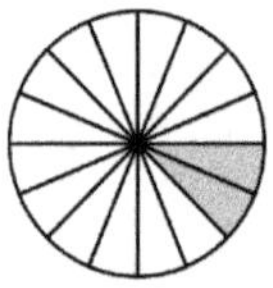 $\frac{2}{16}$

2) 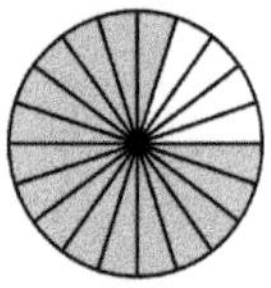 $\frac{16}{20}$

3) 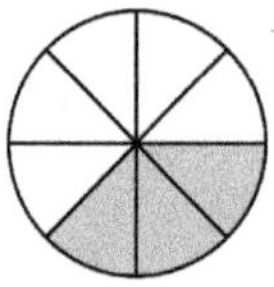 $\frac{3}{8}$

4) 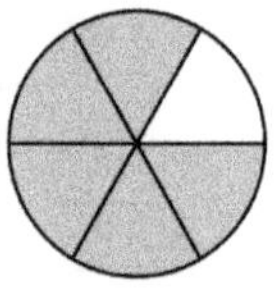 $\frac{5}{6}$

5) 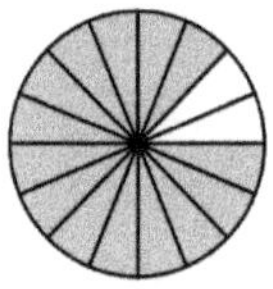 $\frac{14}{16}$

6) 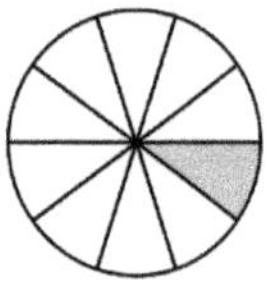 $\frac{1}{10}$

7) 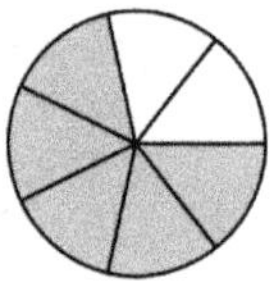 $\frac{5}{7}$

8) 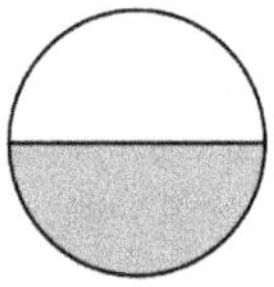 $\frac{1}{2}$

9) 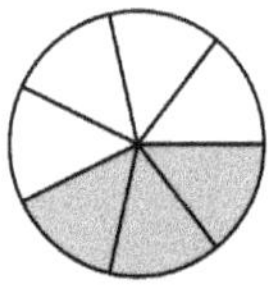 $\frac{3}{7}$

10) 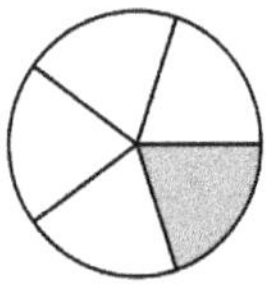 $\frac{1}{5}$

11) 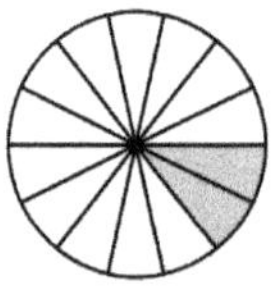 $\frac{2}{14}$

12) 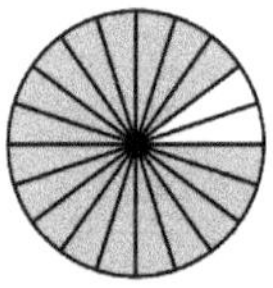 $\frac{18}{20}$

Ex. I

1. ______
2. ______
3. ______
4. ______
5. ______
6. ______
7. ______
8. ______
9. ______
10. ______
11. ______
12. ______

A) 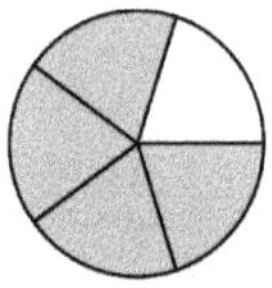 $\frac{4}{5}$

B)  $\frac{6}{16}$

C) 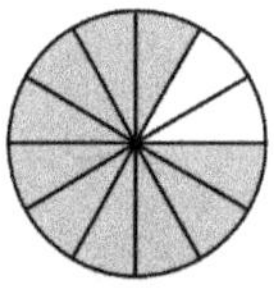 $\frac{10}{12}$

D) 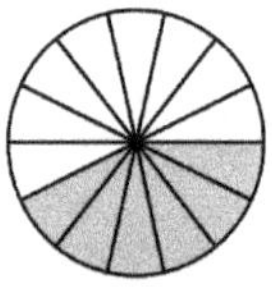 $\frac{6}{14}$

E) 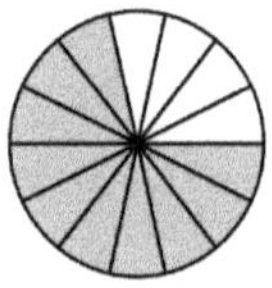 $\frac{10}{14}$

F) 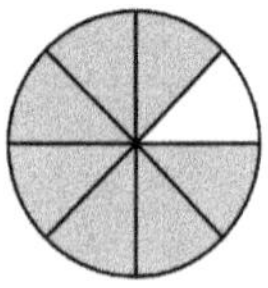 $\frac{7}{8}$

G)  $\frac{5}{10}$

H) 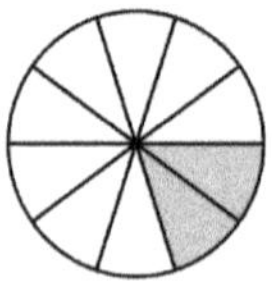 $\frac{2}{10}$

I) 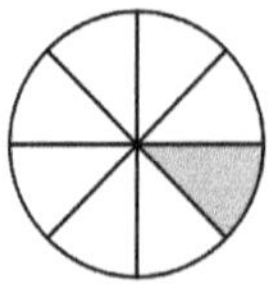 $\frac{1}{8}$

J) 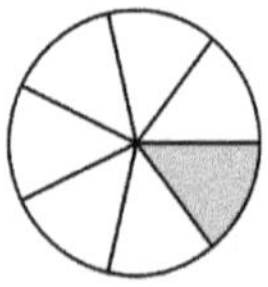 $\frac{1}{7}$

K)  $\frac{2}{20}$

L) 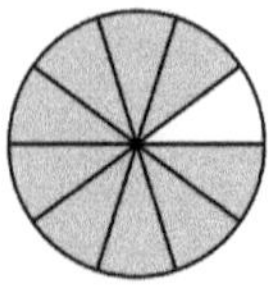 $\frac{9}{10}$

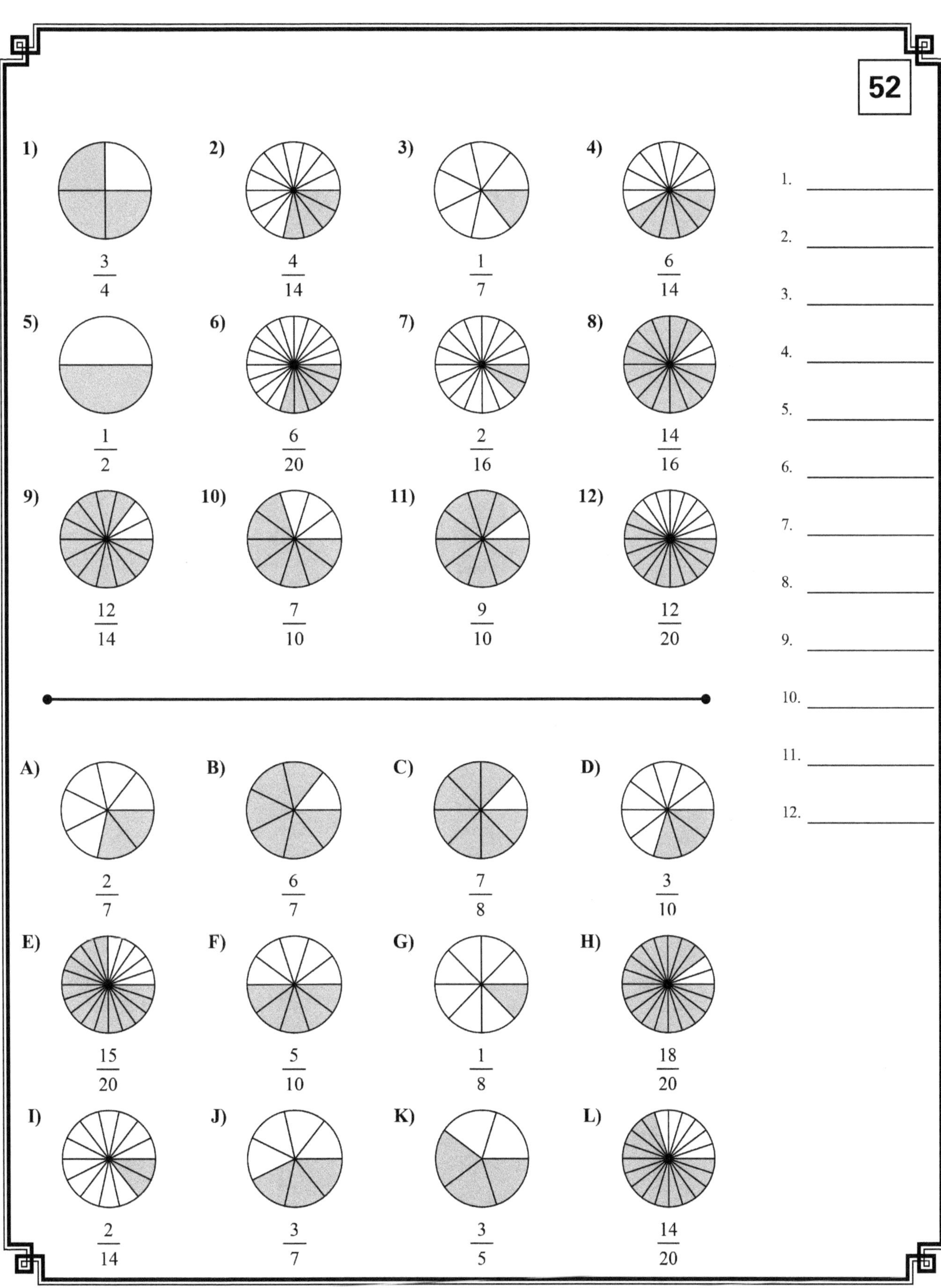

1) 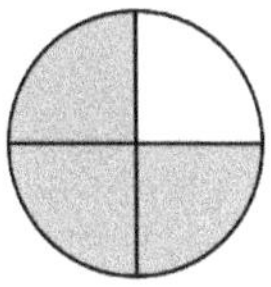 $\frac{3}{4}$

2) 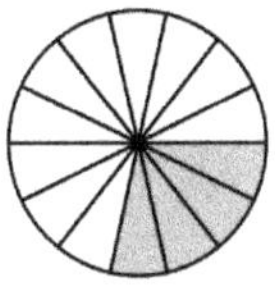 $\frac{4}{14}$

3) 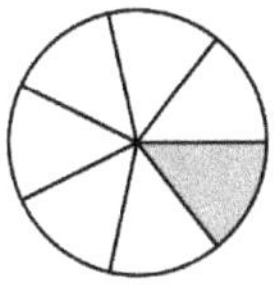 $\frac{1}{7}$

4) 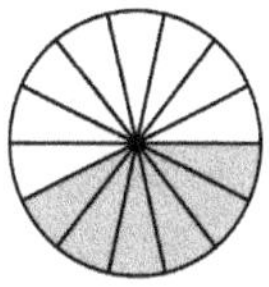 $\frac{6}{14}$

5) 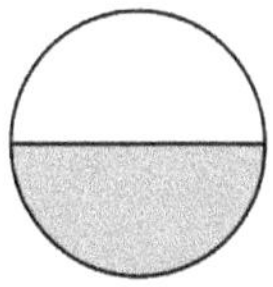 $\frac{1}{2}$

6)  $\frac{6}{20}$

7) 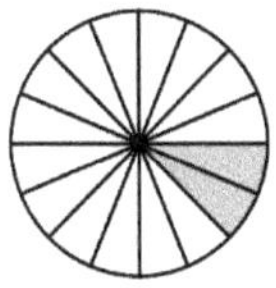 $\frac{2}{16}$

8) 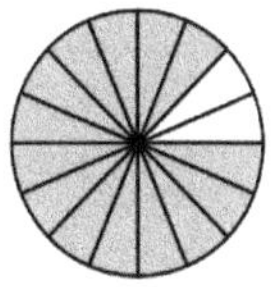 $\frac{14}{16}$

9) 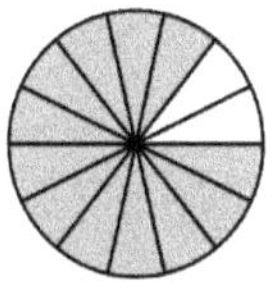 $\frac{12}{14}$

10) 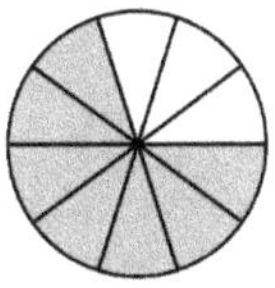 $\frac{7}{10}$

11) 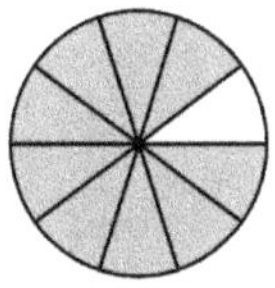 $\frac{9}{10}$

12)  $\frac{12}{20}$

A) 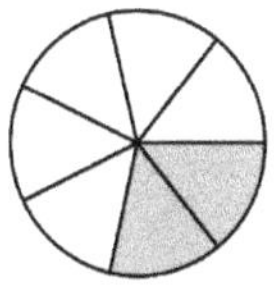 $\frac{2}{7}$

B) 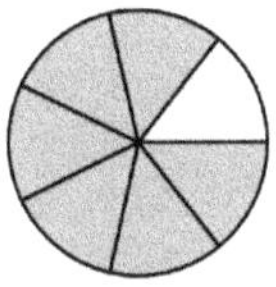 $\frac{6}{7}$

C) 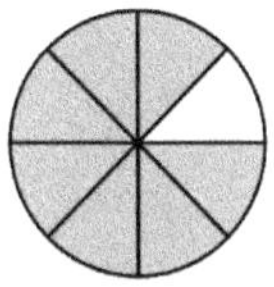 $\frac{7}{8}$

D) 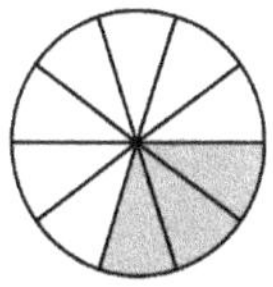 $\frac{3}{10}$

E)  $\frac{15}{20}$

F) 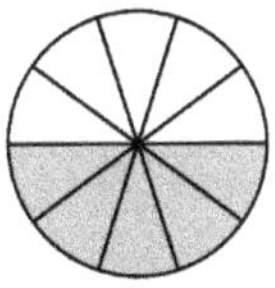 $\frac{5}{10}$

G) 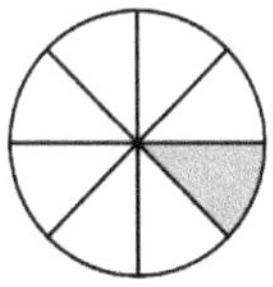 $\frac{1}{8}$

H) 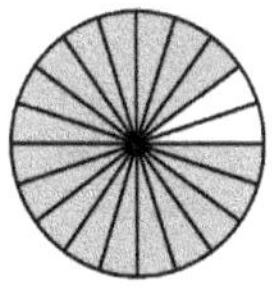 $\frac{18}{20}$

I) 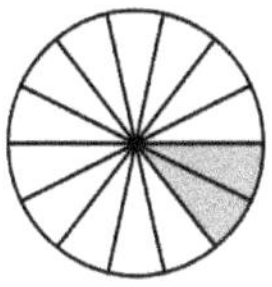 $\frac{2}{14}$

J) 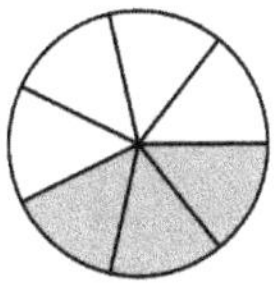 $\frac{3}{7}$

K) 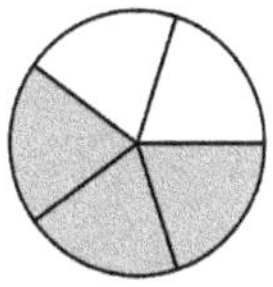 $\frac{3}{5}$

L)  $\frac{14}{20}$

1. ______________
2. ______________
3. ______________
4. ______________
5. ______________
6. ______________
7. ______________
8. ______________
9. ______________
10. ______________
11. ______________
12. ______________

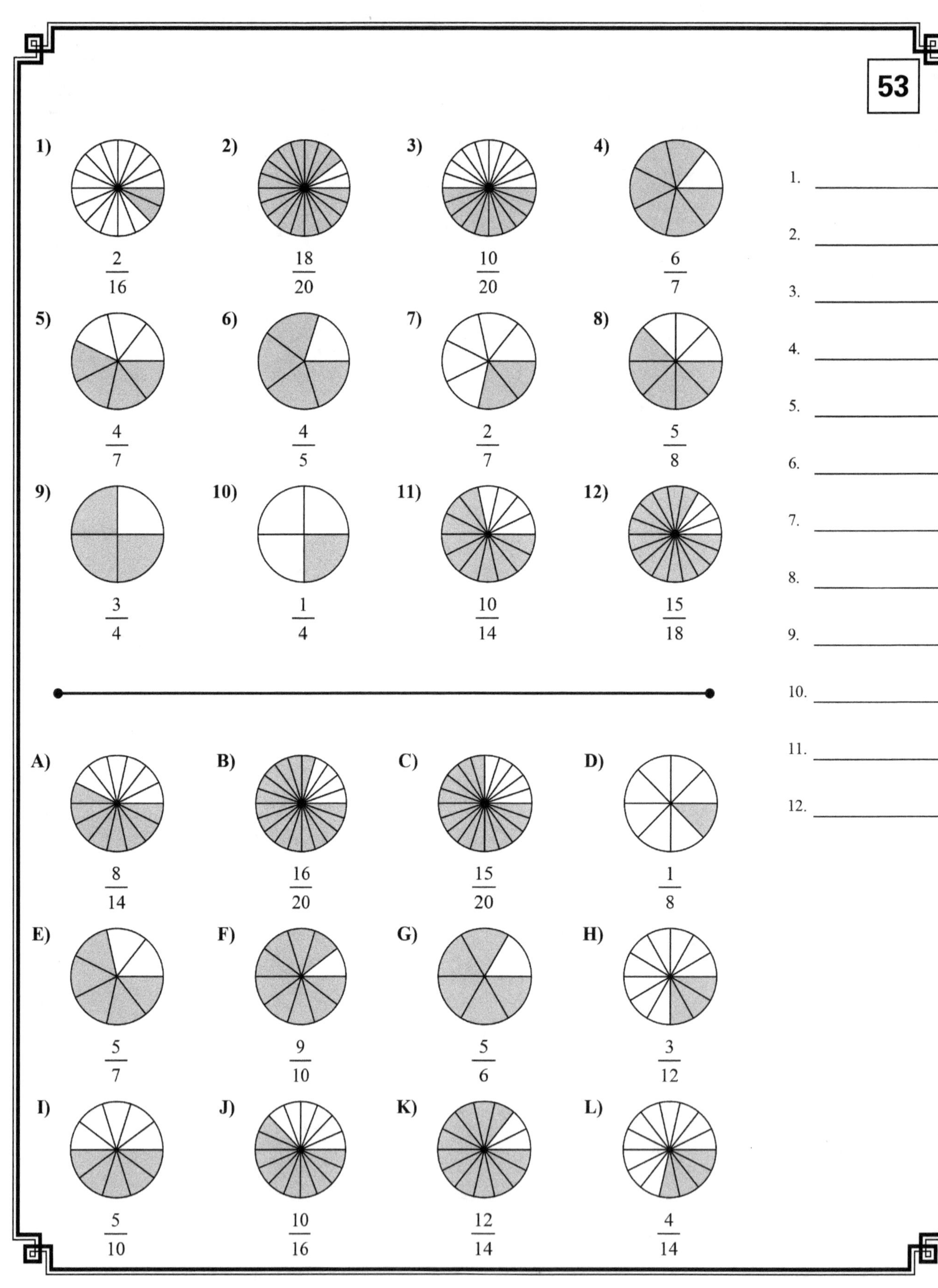

1)
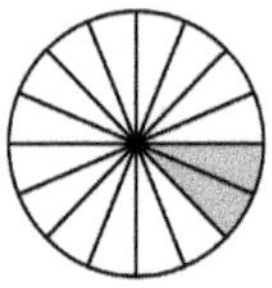
$\frac{2}{16}$

2)
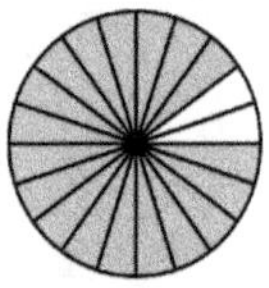
$\frac{18}{20}$

3)

$\frac{10}{20}$

4)
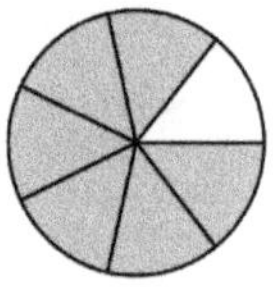
$\frac{6}{7}$

5)
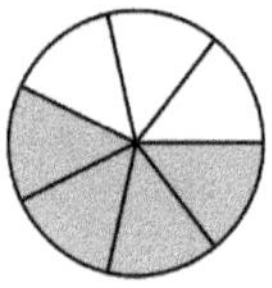
$\frac{4}{7}$

6)
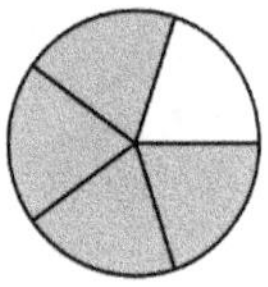
$\frac{4}{5}$

7)
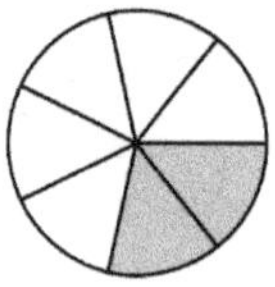
$\frac{2}{7}$

8)
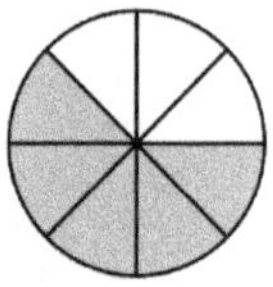
$\frac{5}{8}$

9)
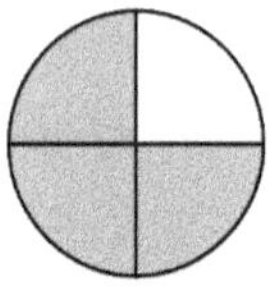
$\frac{3}{4}$

10)
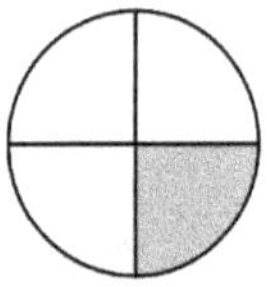
$\frac{1}{4}$

11)
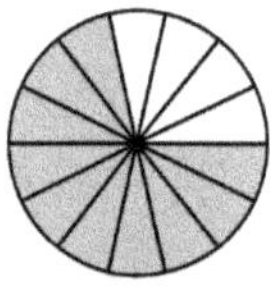
$\frac{10}{14}$

12)
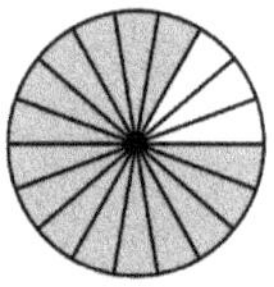
$\frac{15}{18}$

A)
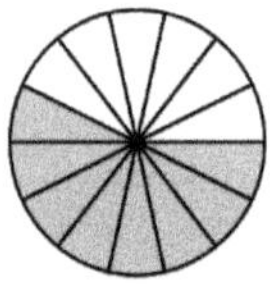
$\frac{8}{14}$

B)
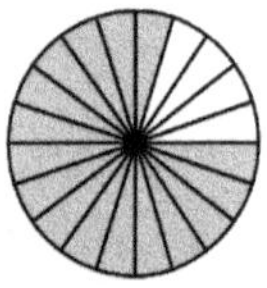
$\frac{16}{20}$

C)

$\frac{15}{20}$

D)
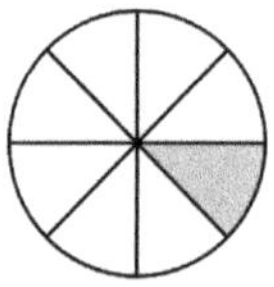
$\frac{1}{8}$

E)
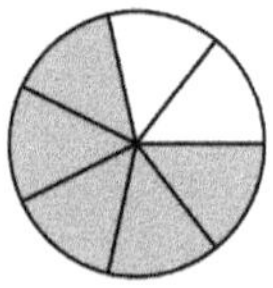
$\frac{5}{7}$

F)
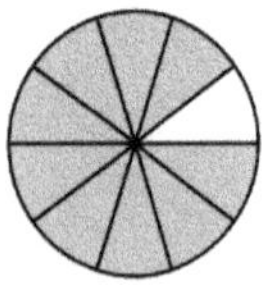
$\frac{9}{10}$

G)
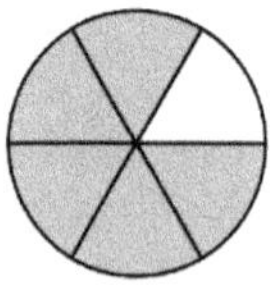
$\frac{5}{6}$

H)
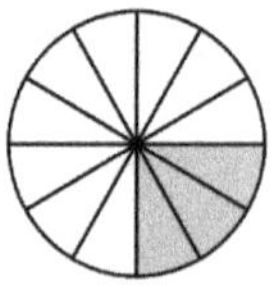
$\frac{3}{12}$

I)
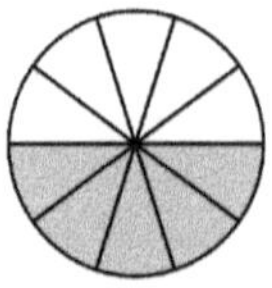
$\frac{5}{10}$

J)
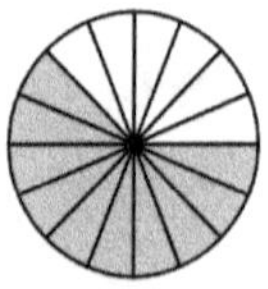
$\frac{10}{16}$

K)
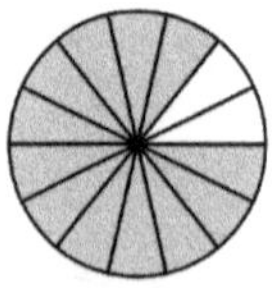
$\frac{12}{14}$

L)
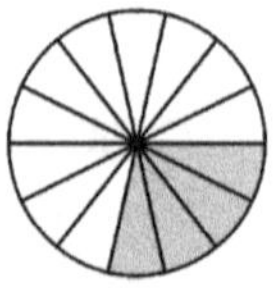
$\frac{4}{14}$

1. ____________
2. ____________
3. ____________
4. ____________
5. ____________
6. ____________
7. ____________
8. ____________
9. ____________
10. ____________
11. ____________
12. ____________

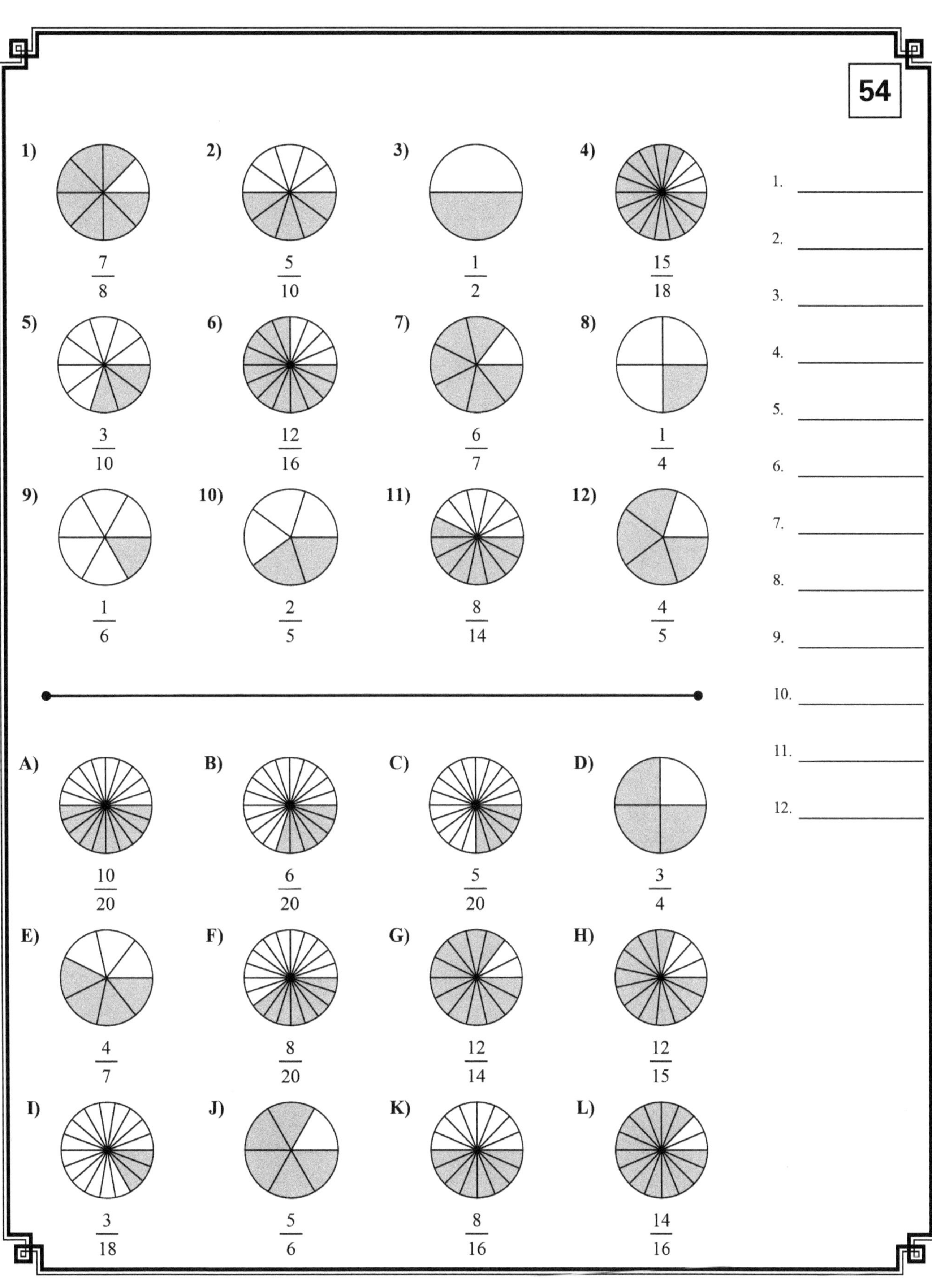

1) 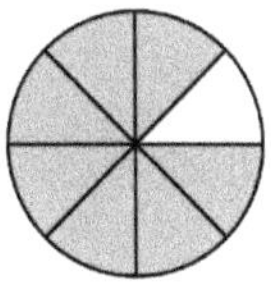

$\frac{7}{8}$

2) 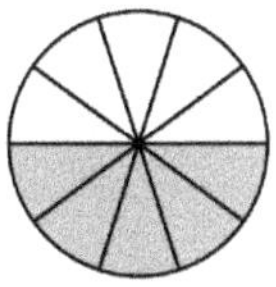

$\frac{5}{10}$

3) 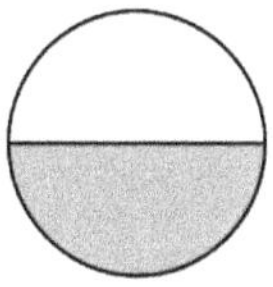

$\frac{1}{2}$

4) 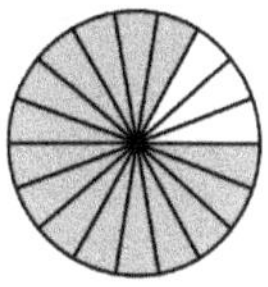

$\frac{15}{18}$

5) 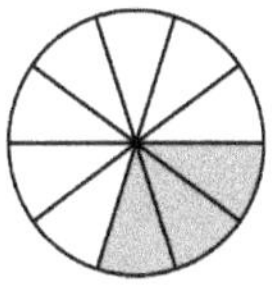

$\frac{3}{10}$

6) 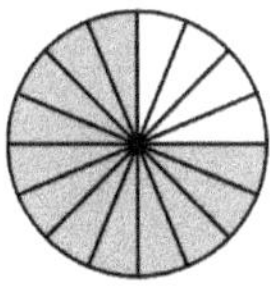

$\frac{12}{16}$

7) 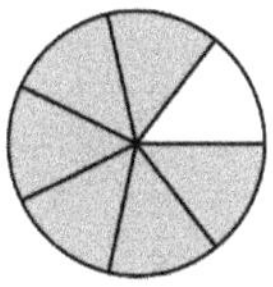

$\frac{6}{7}$

8) 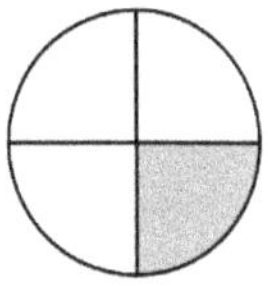

$\frac{1}{4}$

9) 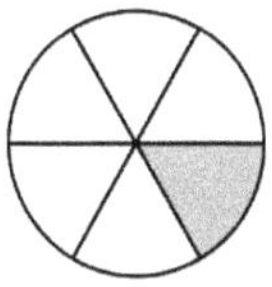

$\frac{1}{6}$

10) 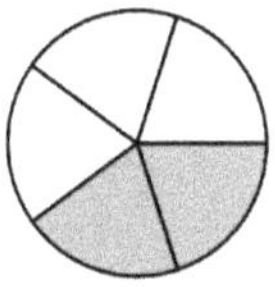

$\frac{2}{5}$

11) 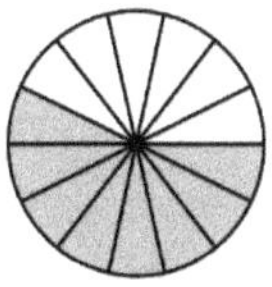

$\frac{8}{14}$

12) 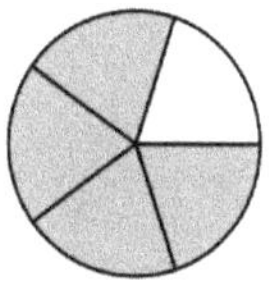

$\frac{4}{5}$

A) 

$\frac{10}{20}$

B) 

$\frac{6}{20}$

C) 

$\frac{5}{20}$

D) 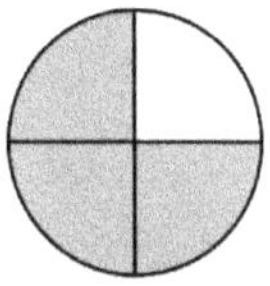

$\frac{3}{4}$

E) 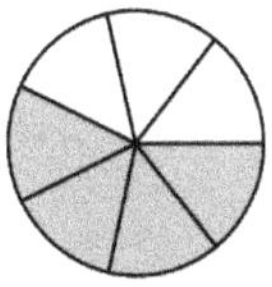

$\frac{4}{7}$

F) 

$\frac{8}{20}$

G) 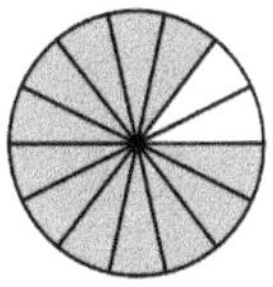

$\frac{12}{14}$

H) 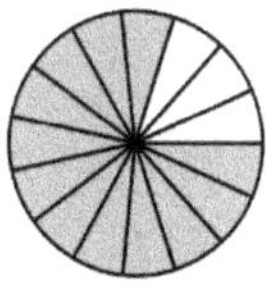

$\frac{12}{15}$

I) 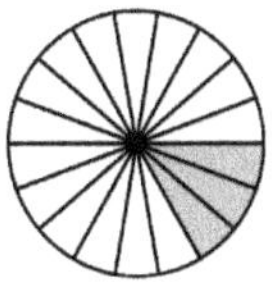

$\frac{3}{18}$

J) 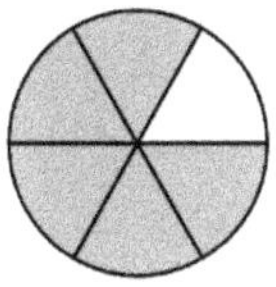

$\frac{5}{6}$

K) 

$\frac{8}{16}$

L) 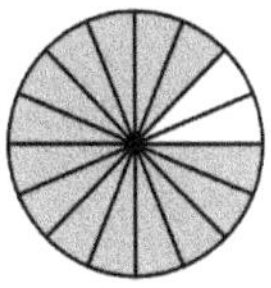

$\frac{14}{16}$

1. ________

2. ________

3. ________

4. ________

5. ________

6. ________

7. ________

8. ________

9. ________

10. ________

11. ________

12. ________

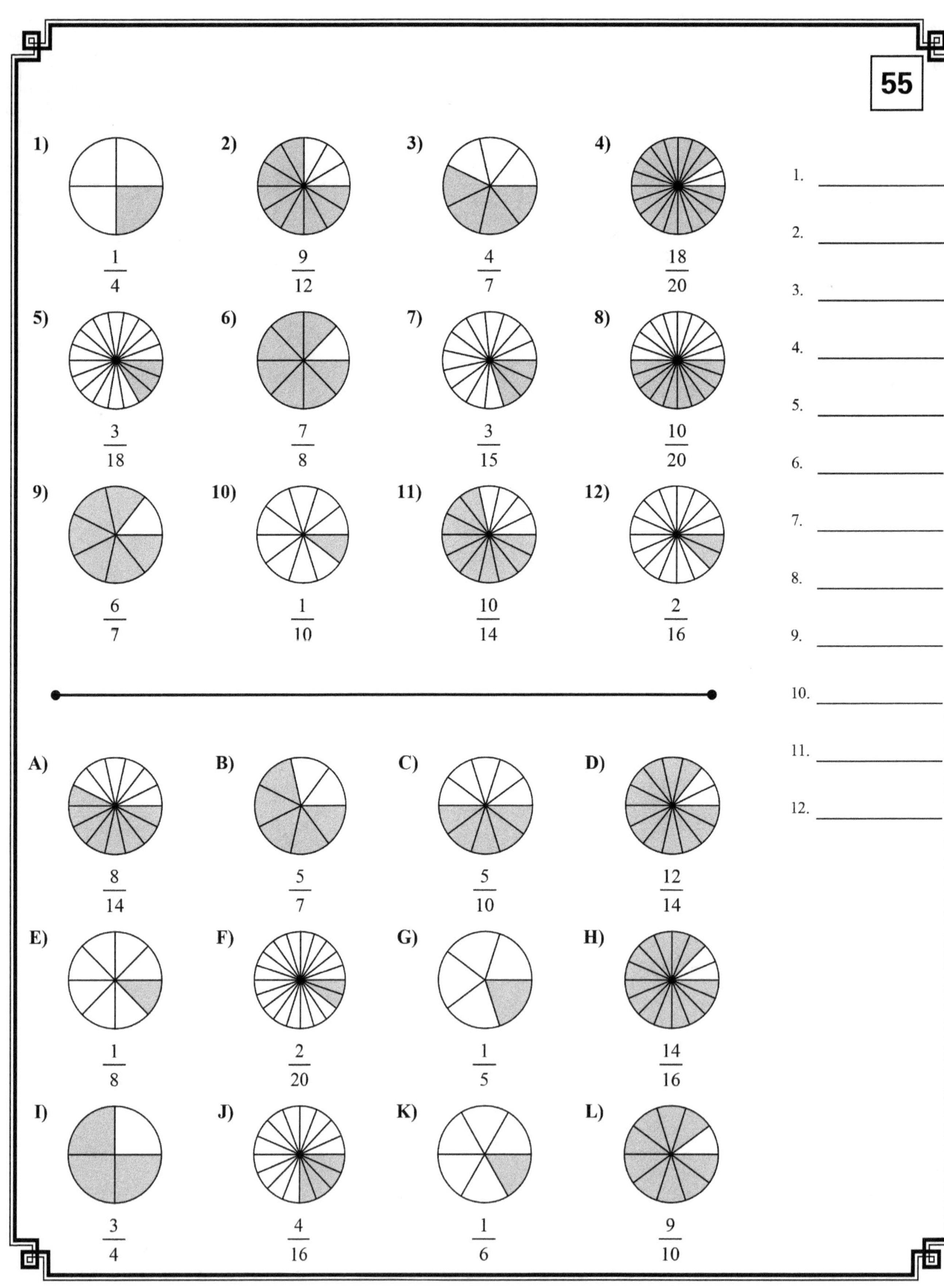

1) 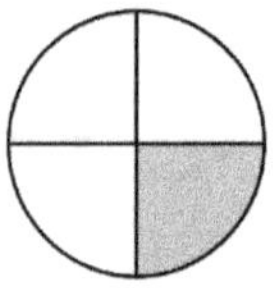

$\frac{1}{4}$

2) 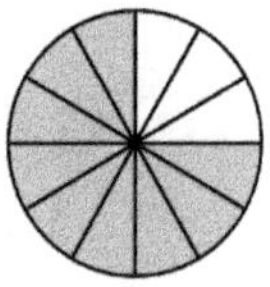

$\frac{9}{12}$

3) 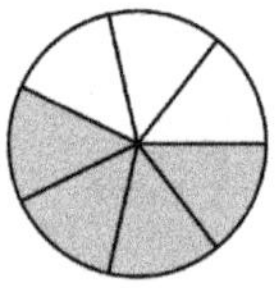

$\frac{4}{7}$

4) 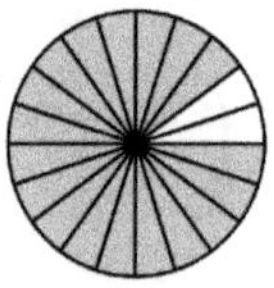

$\frac{18}{20}$

5) 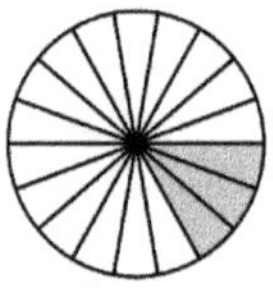

$\frac{3}{18}$

6) 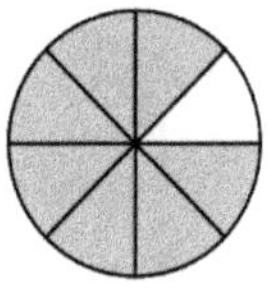

$\frac{7}{8}$

7) 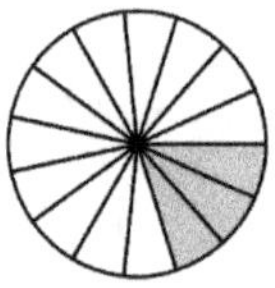

$\frac{3}{15}$

8) 

$\frac{10}{20}$

9) 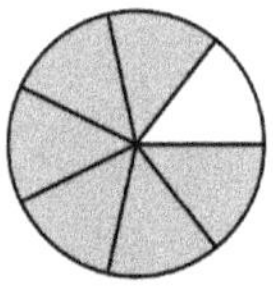

$\frac{6}{7}$

10) 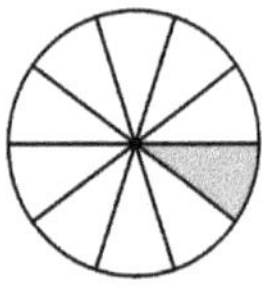

$\frac{1}{10}$

11) 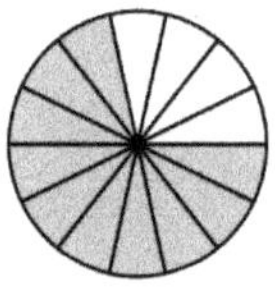

$\frac{10}{14}$

12) 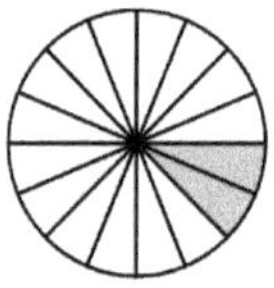

$\frac{2}{16}$

A) 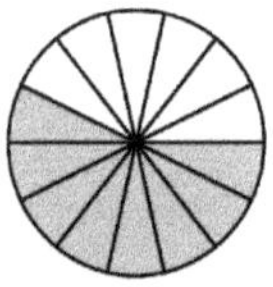

$\frac{8}{14}$

B) 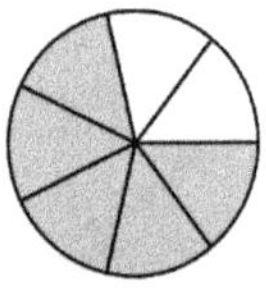

$\frac{5}{7}$

C) 

$\frac{5}{10}$

D) 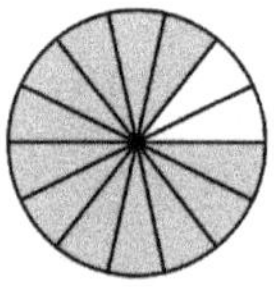

$\frac{12}{14}$

E) 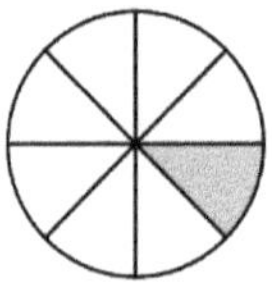

$\frac{1}{8}$

F) 

$\frac{2}{20}$

G) 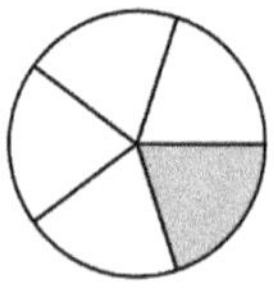

$\frac{1}{5}$

H) 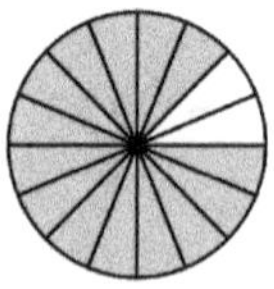

$\frac{14}{16}$

I) 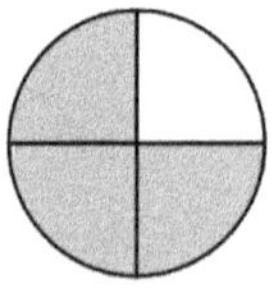

$\frac{3}{4}$

J) 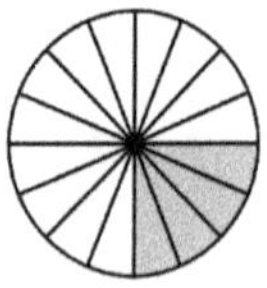

$\frac{4}{16}$

K) 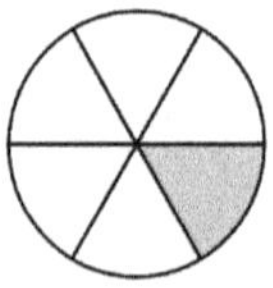

$\frac{1}{6}$

L) 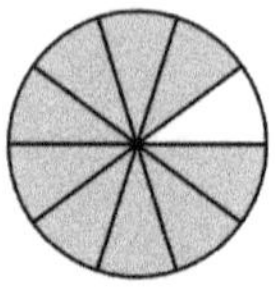

$\frac{9}{10}$

1. ____________

2. ____________

3. ____________

4. ____________

5. ____________

6. ____________

7. ____________

8. ____________

9. ____________

10. ____________

11. ____________

12. ____________

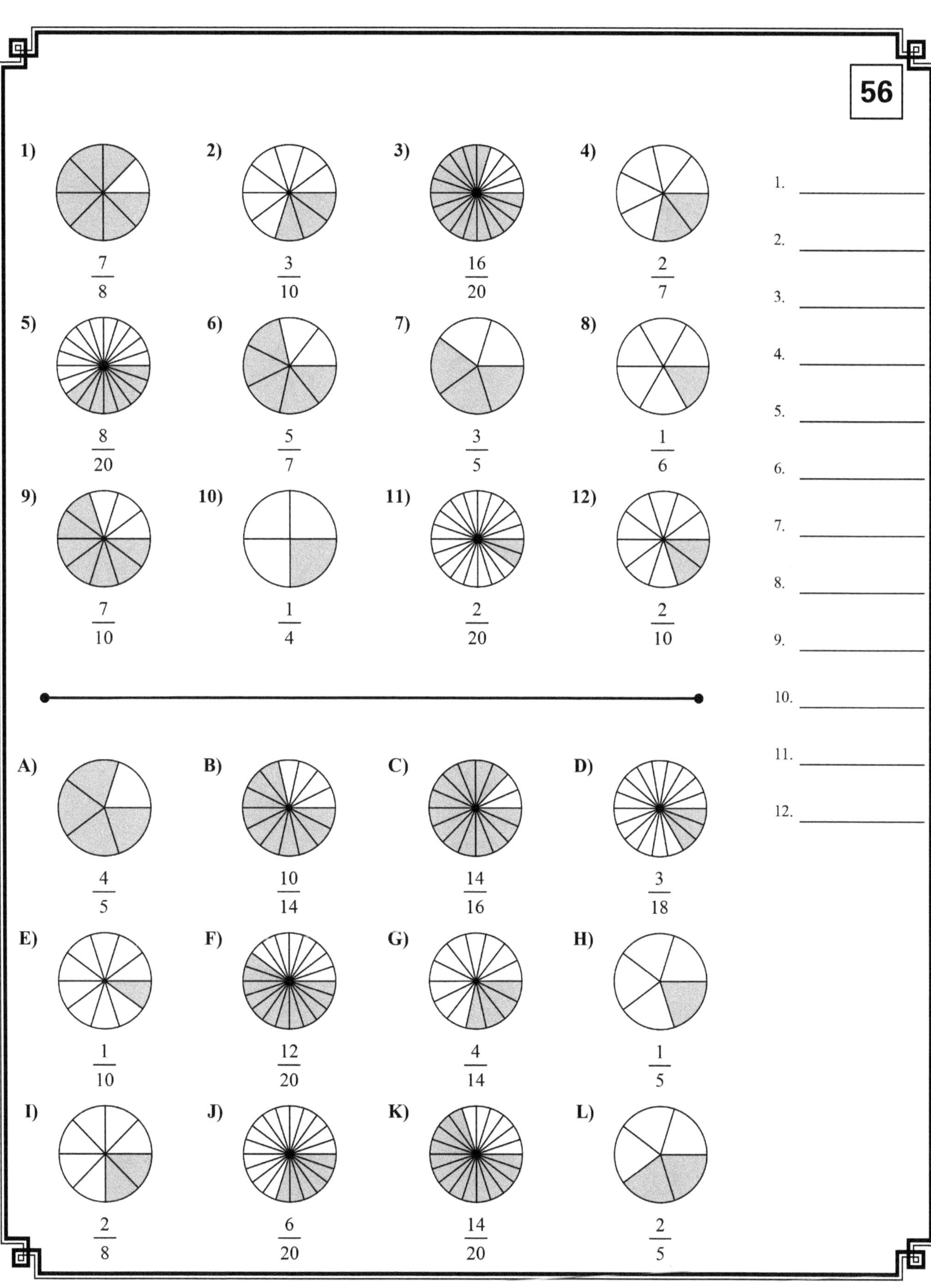

1) 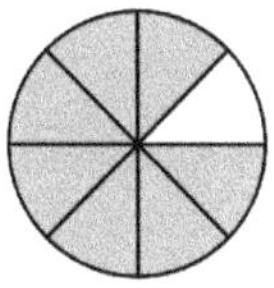 $\frac{7}{8}$

2) 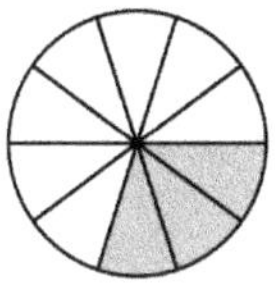 $\frac{3}{10}$

3)  $\frac{16}{20}$

4) 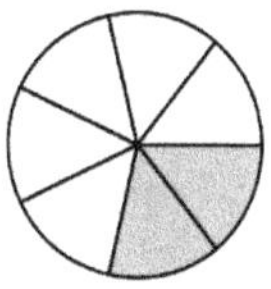 $\frac{2}{7}$

5)  $\frac{8}{20}$

6) 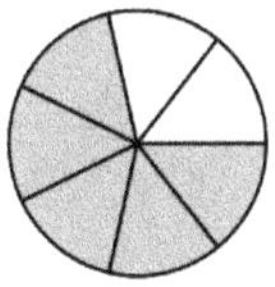 $\frac{5}{7}$

7) 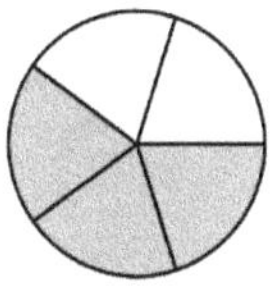 $\frac{3}{5}$

8) 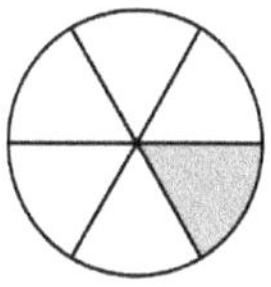 $\frac{1}{6}$

9) 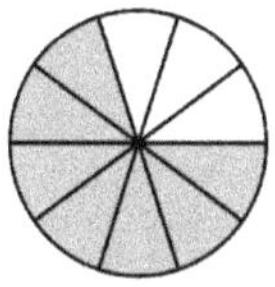 $\frac{7}{10}$

10) 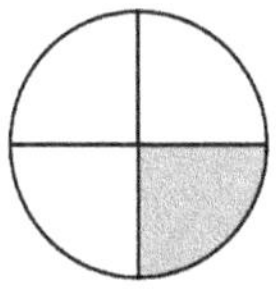 $\frac{1}{4}$

11)  $\frac{2}{20}$

12) 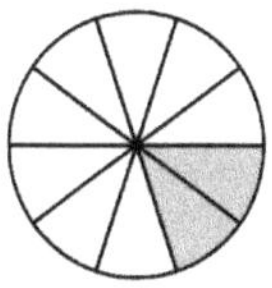 $\frac{2}{10}$

A) 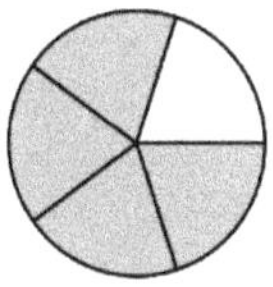 $\frac{4}{5}$

B) 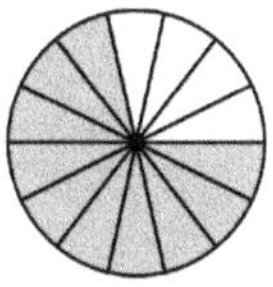 $\frac{10}{14}$

C) 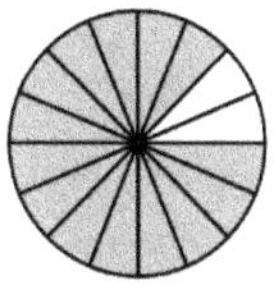 $\frac{14}{16}$

D) 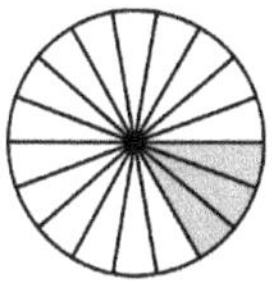 $\frac{3}{18}$

E) 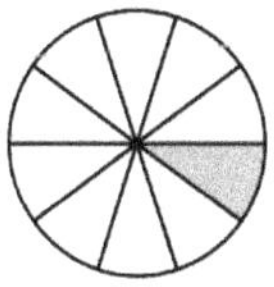 $\frac{1}{10}$

F)  $\frac{12}{20}$

G) 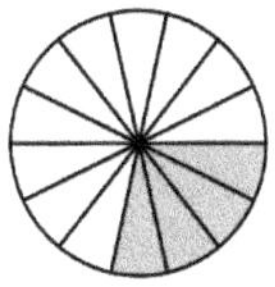 $\frac{4}{14}$

H) 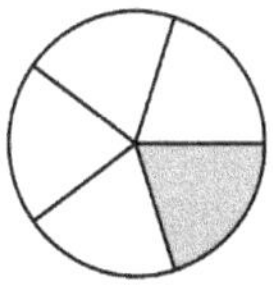 $\frac{1}{5}$

I) 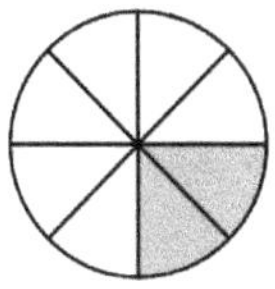 $\frac{2}{8}$

J)  $\frac{6}{20}$

K) 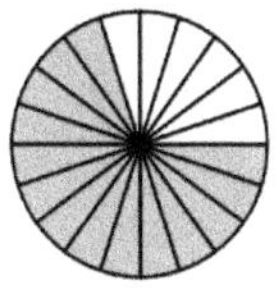 $\frac{14}{20}$

L) 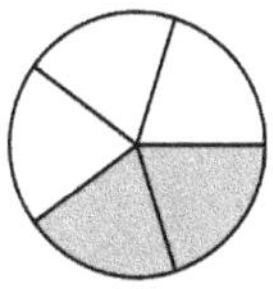 $\frac{2}{5}$

1. ____________
2. ____________
3. ____________
4. ____________
5. ____________
6. ____________
7. ____________
8. ____________
9. ____________
10. ____________
11. ____________
12. ____________

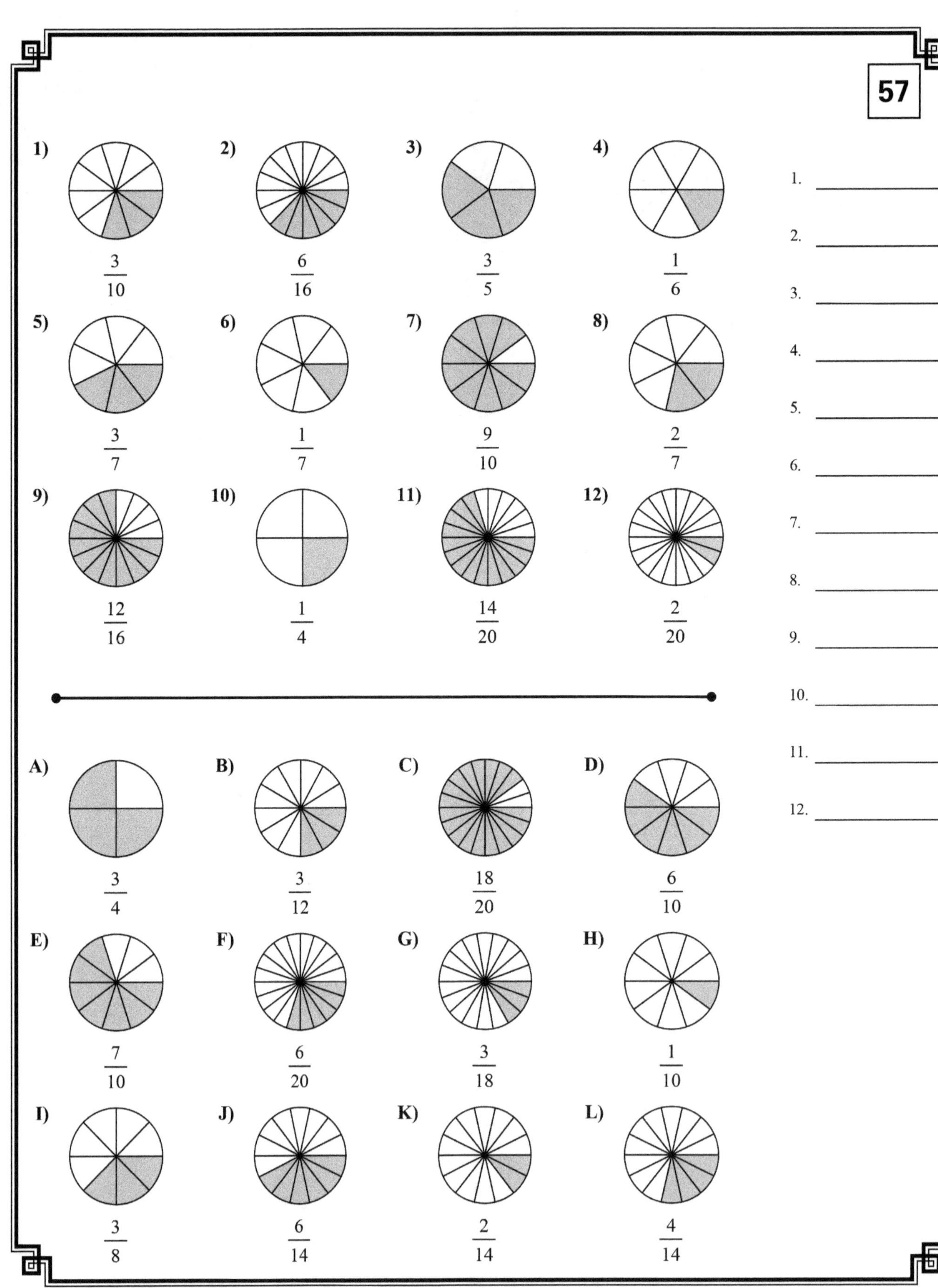

1) 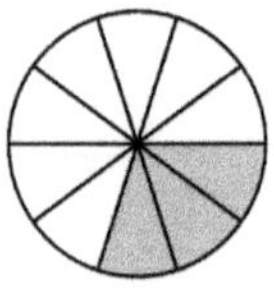 $\frac{3}{10}$

2) 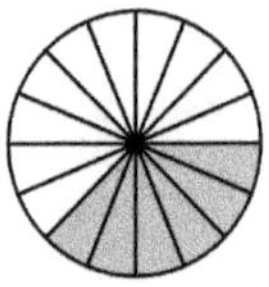 $\frac{6}{16}$

3) 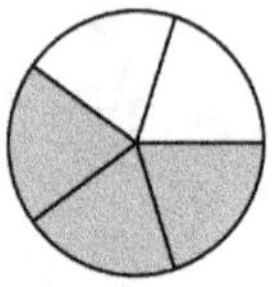 $\frac{3}{5}$

4) 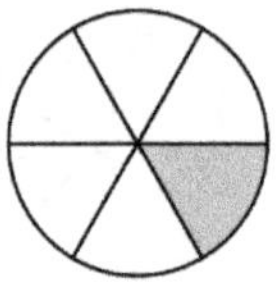 $\frac{1}{6}$

5) 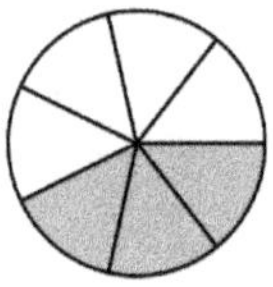 $\frac{3}{7}$

6) 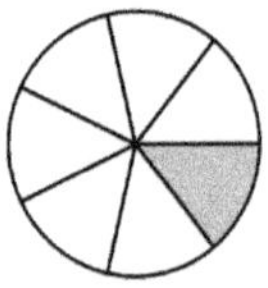 $\frac{1}{7}$

7) 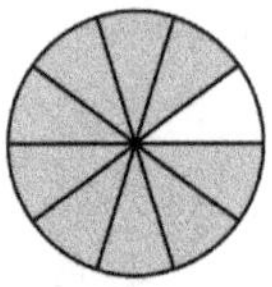 $\frac{9}{10}$

8) 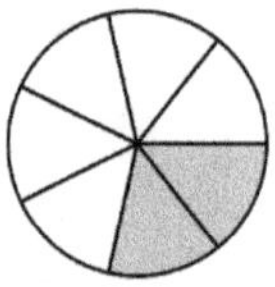 $\frac{2}{7}$

9) 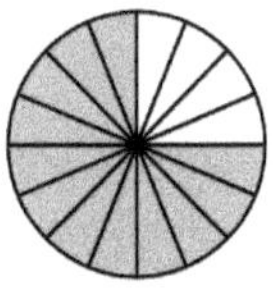 $\frac{12}{16}$

10) 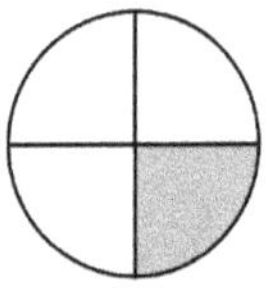 $\frac{1}{4}$

11) 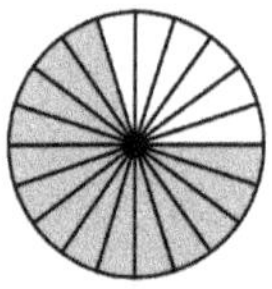 $\frac{14}{20}$

12)  $\frac{2}{20}$

A) 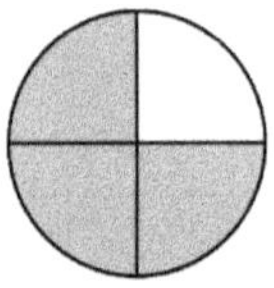 $\frac{3}{4}$

B) 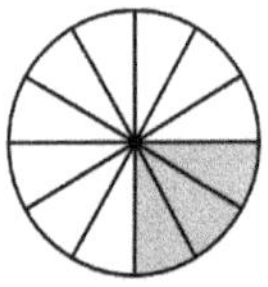 $\frac{3}{12}$

C) 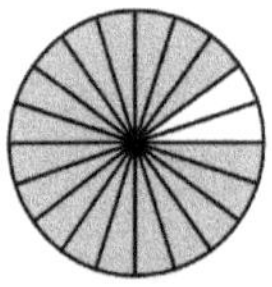 $\frac{18}{20}$

D) 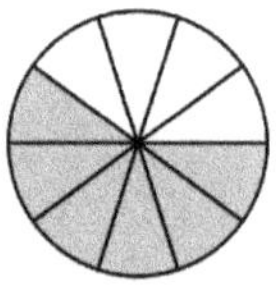 $\frac{6}{10}$

E) 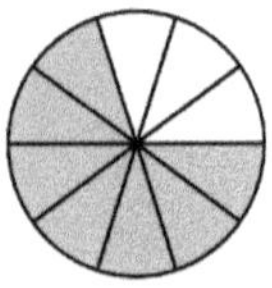 $\frac{7}{10}$

F)  $\frac{6}{20}$

G) 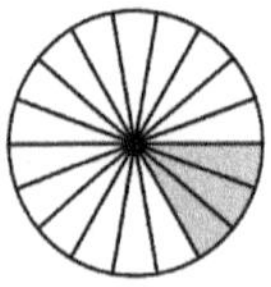 $\frac{3}{18}$

H) 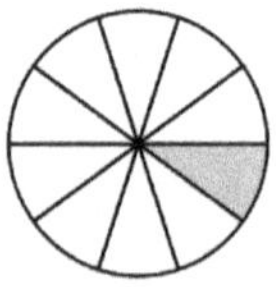 $\frac{1}{10}$

I) 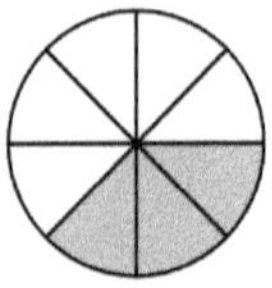 $\frac{3}{8}$

J) 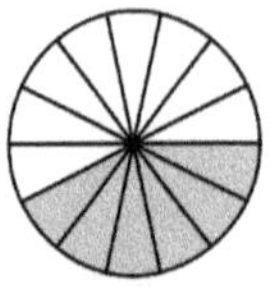 $\frac{6}{14}$

K) 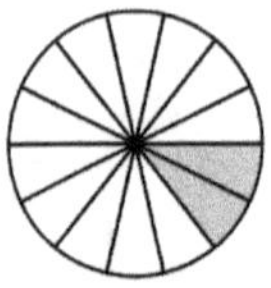 $\frac{2}{14}$

L) 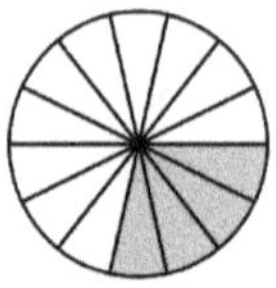 $\frac{4}{14}$

1. ______________

2. ______________

3. ______________

4. ______________

5. ______________

6. ______________

7. ______________

8. ______________

9. ______________

10. ______________

11. ______________

12. ______________

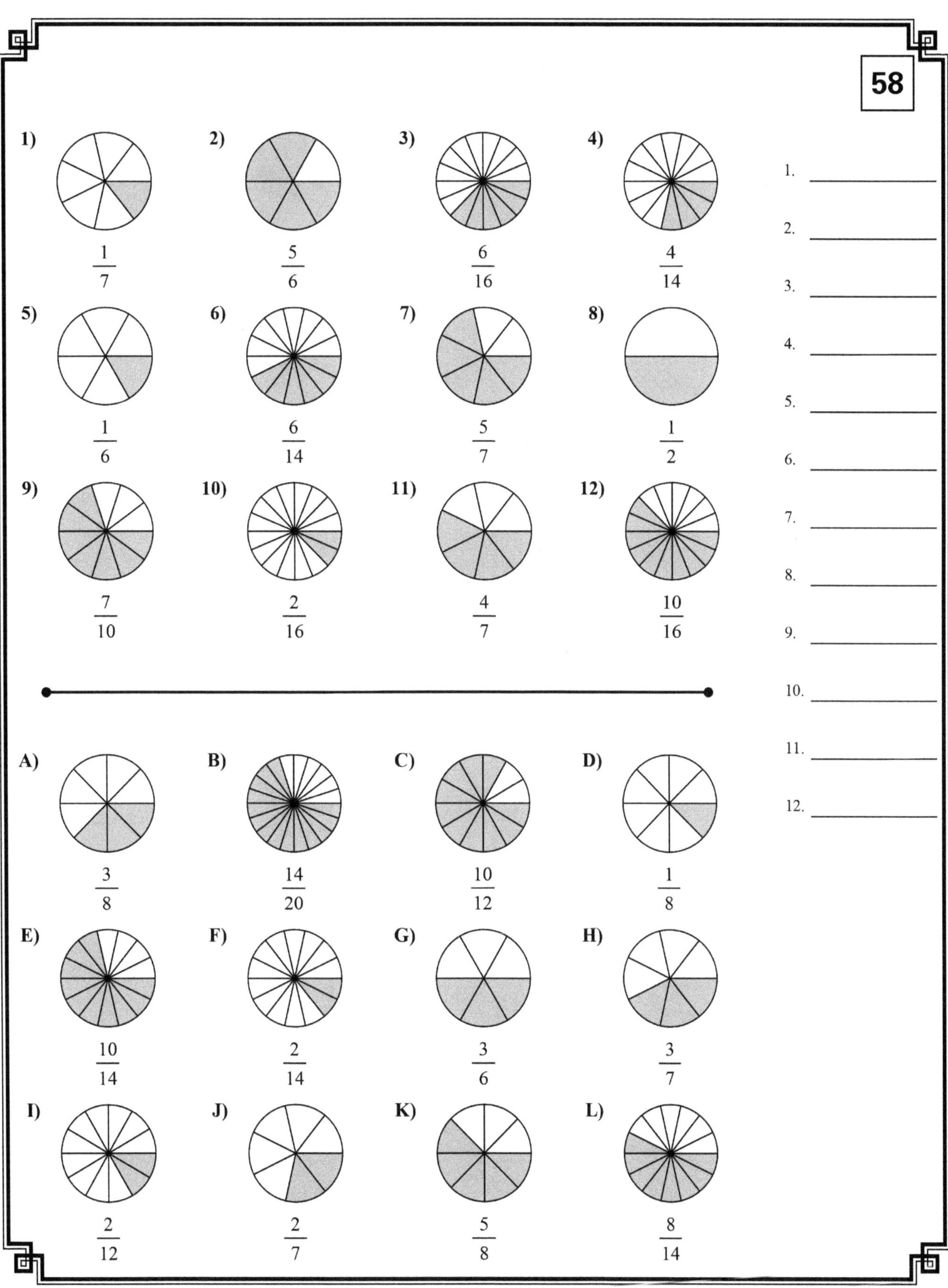

1) 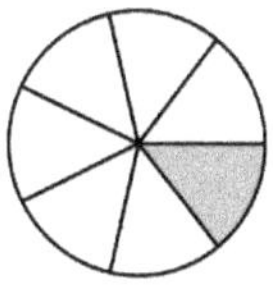
$\frac{1}{7}$

2) 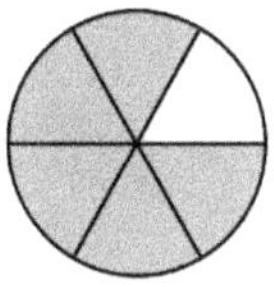
$\frac{5}{6}$

3) 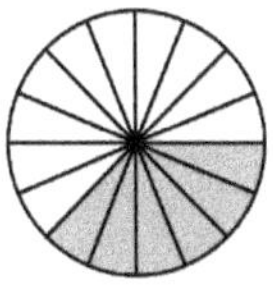
$\frac{6}{16}$

4) 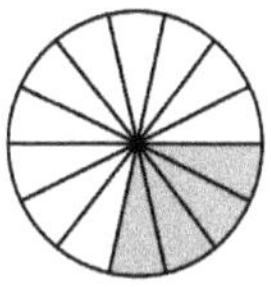
$\frac{4}{14}$

5) 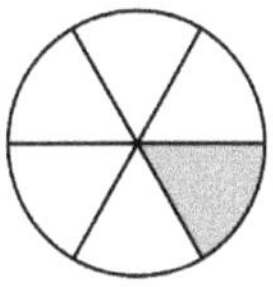
$\frac{1}{6}$

6) 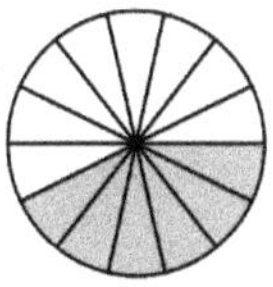
$\frac{6}{14}$

7) 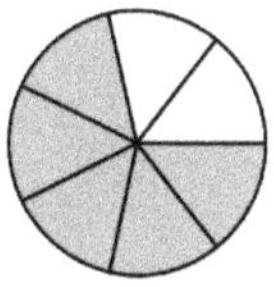
$\frac{5}{7}$

8) 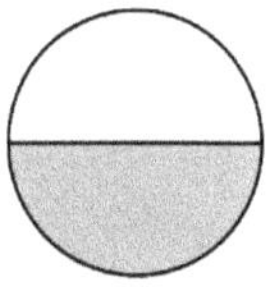
$\frac{1}{2}$

9) 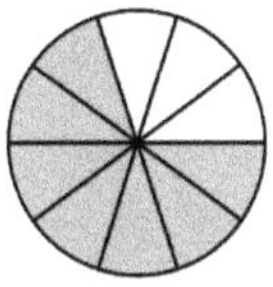
$\frac{7}{10}$

10) 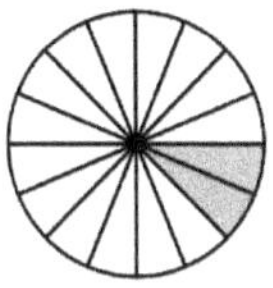
$\frac{2}{16}$

11) 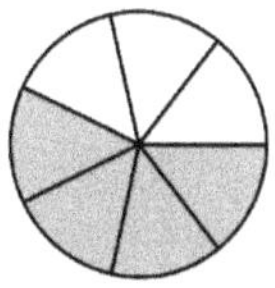
$\frac{4}{7}$

12) 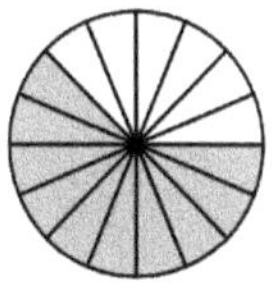
$\frac{10}{16}$

A) 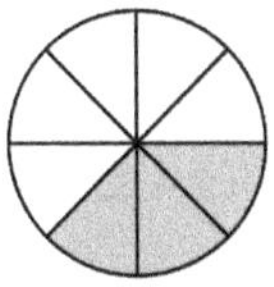
$\frac{3}{8}$

B) 
$\frac{14}{20}$

C) 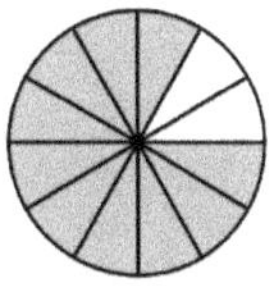
$\frac{10}{12}$

D) 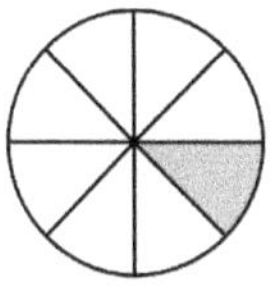
$\frac{1}{8}$

E) 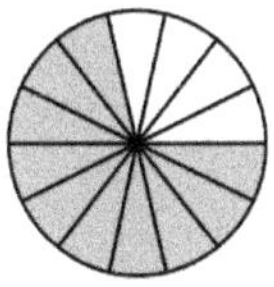
$\frac{10}{14}$

F) 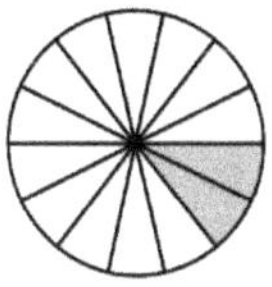
$\frac{2}{14}$

G) 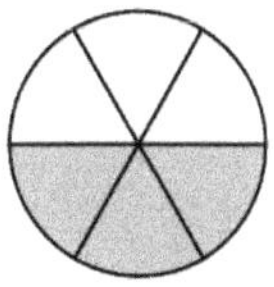
$\frac{3}{6}$

H) 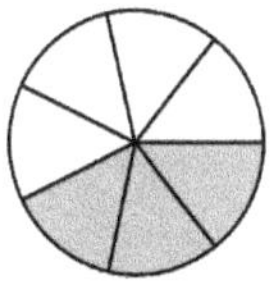
$\frac{3}{7}$

I) 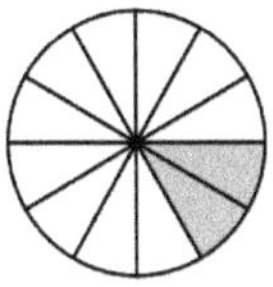
$\frac{2}{12}$

J) 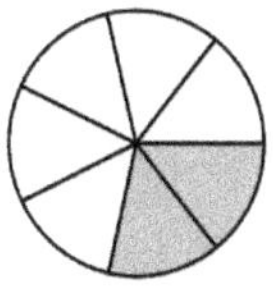
$\frac{2}{7}$

K) 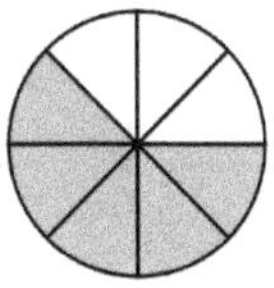
$\frac{5}{8}$

L) 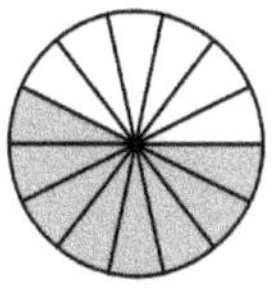
$\frac{8}{14}$

1. ____________
2. ____________
3. ____________
4. ____________
5. ____________
6. ____________
7. ____________
8. ____________
9. ____________
10. ____________
11. ____________
12. ____________

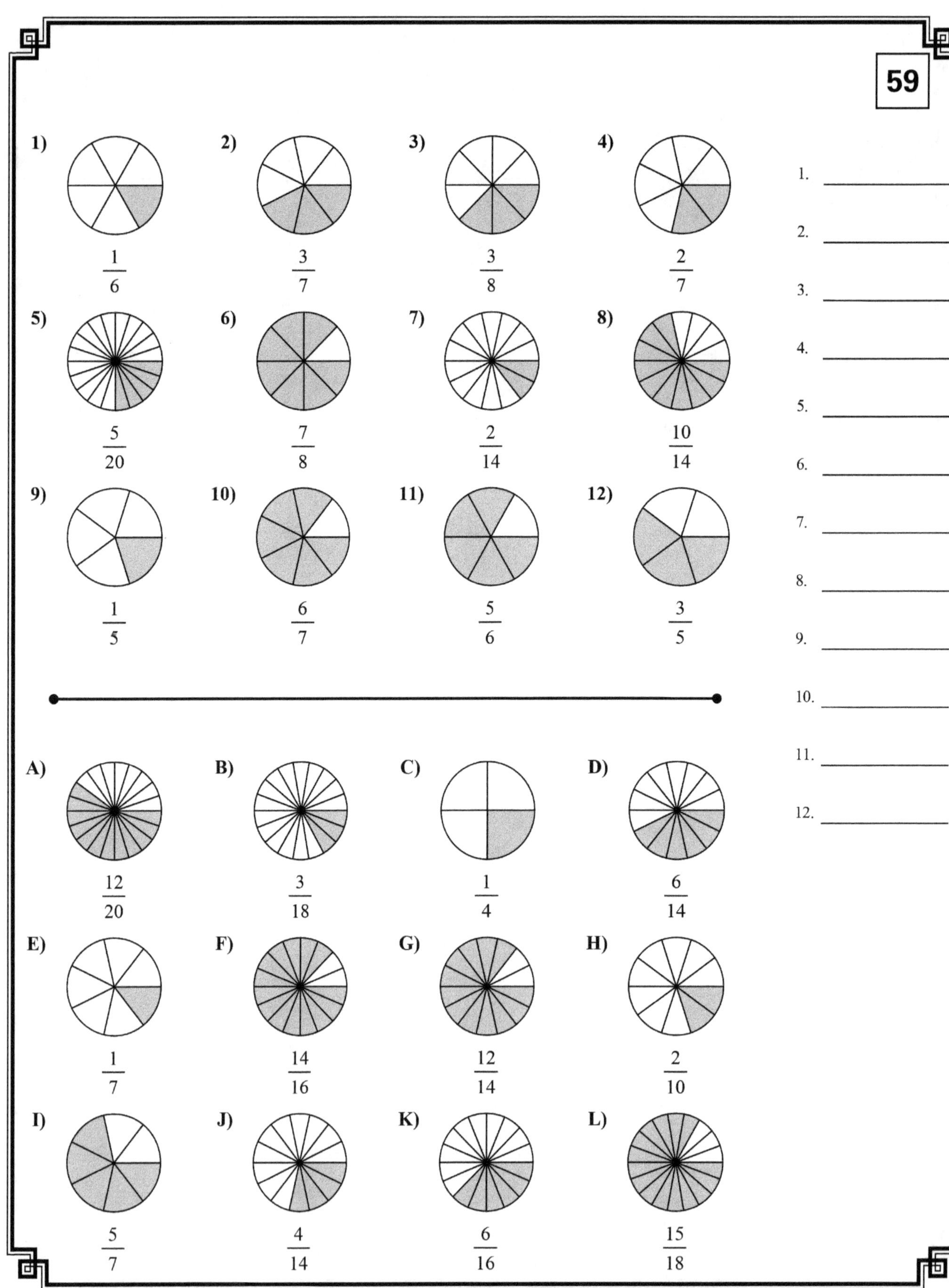

1) 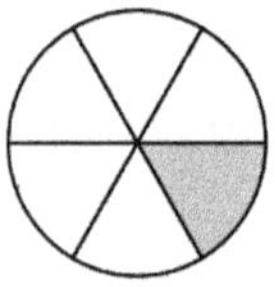

$\frac{1}{6}$

2) 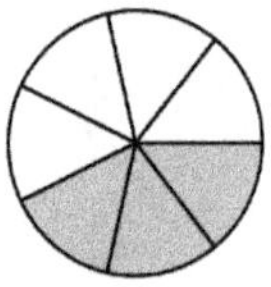

$\frac{3}{7}$

3) 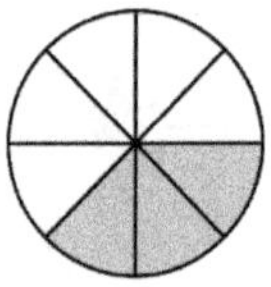

$\frac{3}{8}$

4) 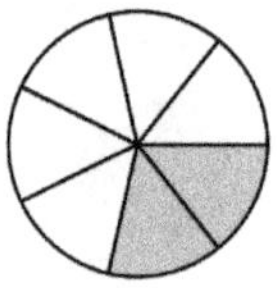

$\frac{2}{7}$

5) 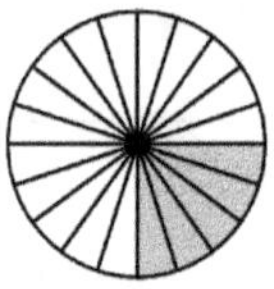

$\frac{5}{20}$

6) 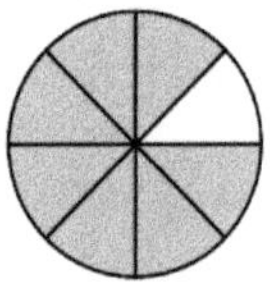

$\frac{7}{8}$

7) 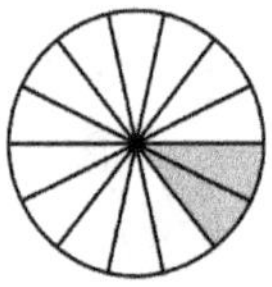

$\frac{2}{14}$

8) 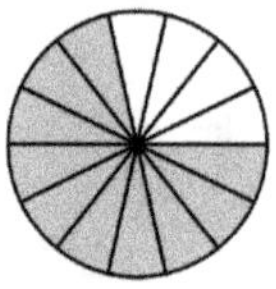

$\frac{10}{14}$

9) 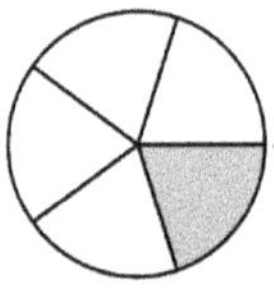

$\frac{1}{5}$

10) 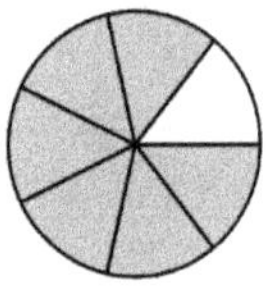

$\frac{6}{7}$

11) 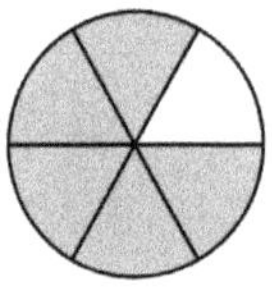

$\frac{5}{6}$

12) 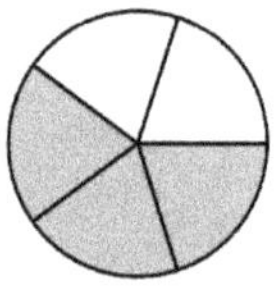

$\frac{3}{5}$

A) 

$\frac{12}{20}$

B) 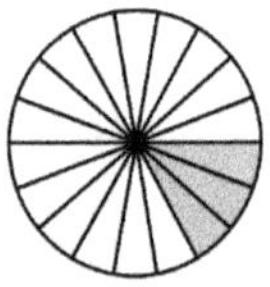

$\frac{3}{18}$

C) 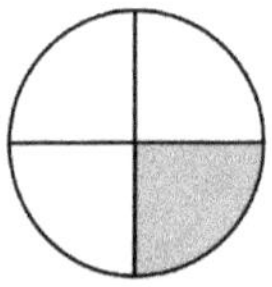

$\frac{1}{4}$

D) 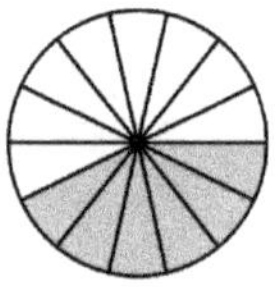

$\frac{6}{14}$

E) 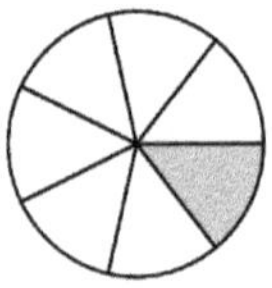

$\frac{1}{7}$

F) 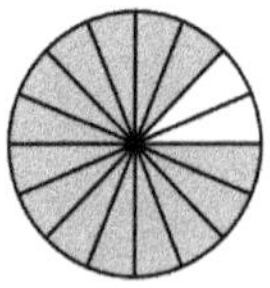

$\frac{14}{16}$

G) 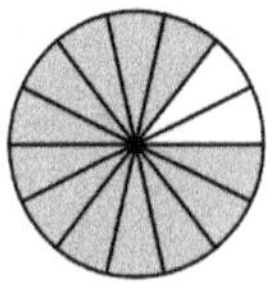

$\frac{12}{14}$

H) 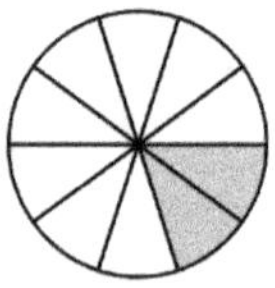

$\frac{2}{10}$

I) 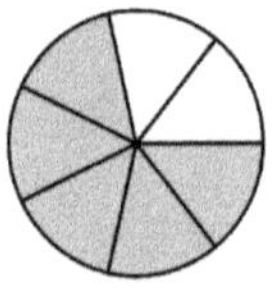

$\frac{5}{7}$

J) 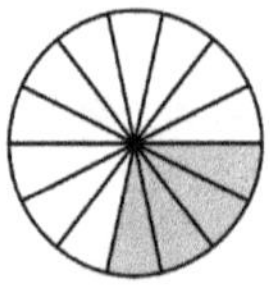

$\frac{4}{14}$

K) 

$\frac{6}{16}$

L) 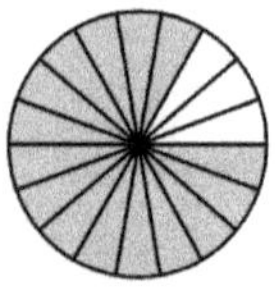

$\frac{15}{18}$

1. ________
2. ________
3. ________
4. ________
5. ________
6. ________
7. ________
8. ________
9. ________
10. ________
11. ________
12. ________

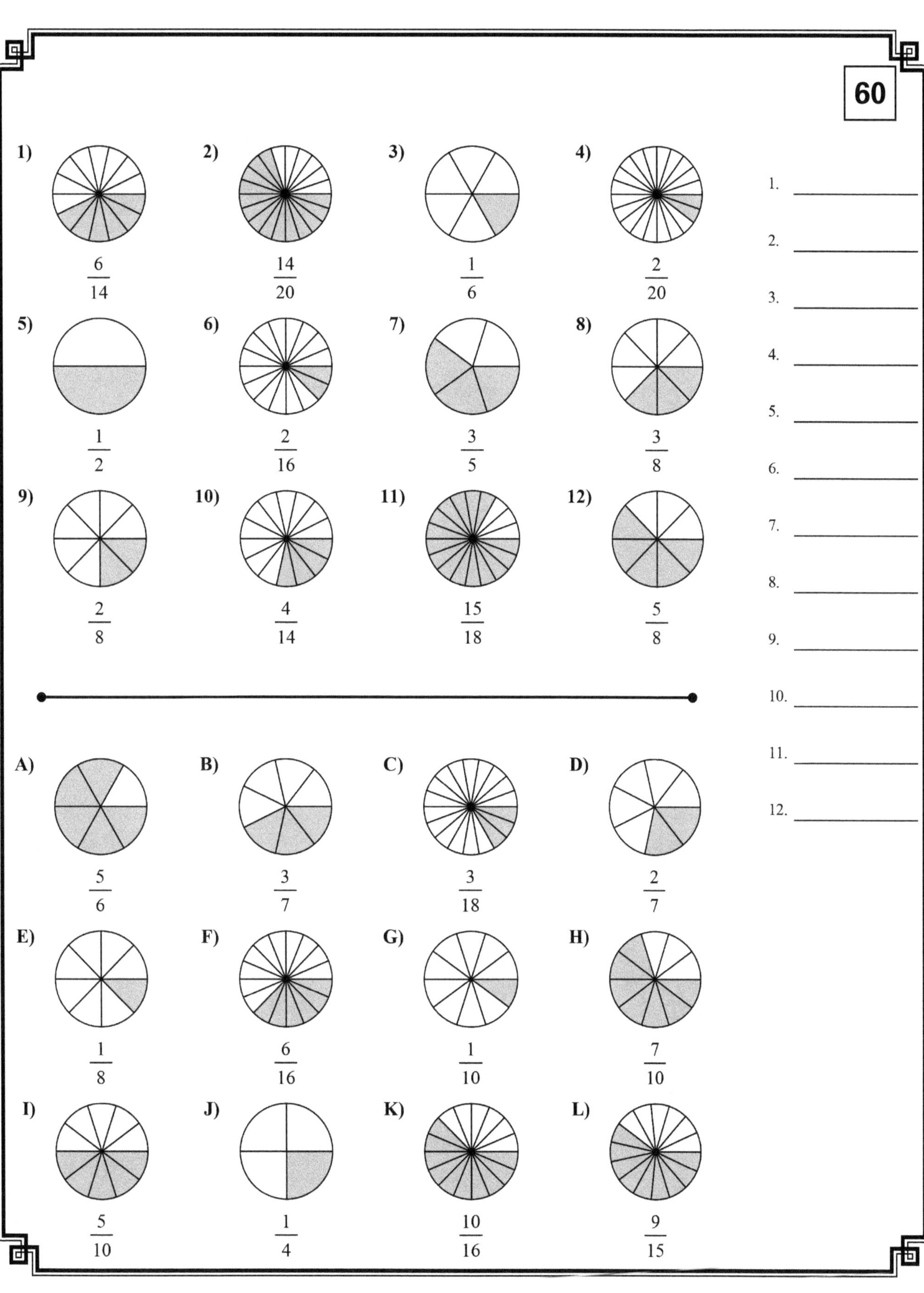

1) 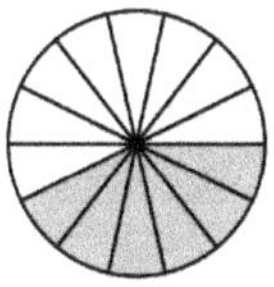

$\frac{6}{14}$

2) 

$\frac{14}{20}$

3) 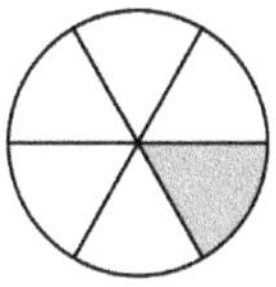

$\frac{1}{6}$

4) 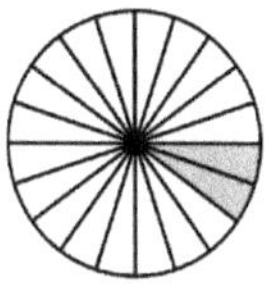

$\frac{2}{20}$

5) 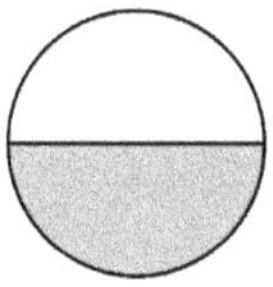

$\frac{1}{2}$

6) 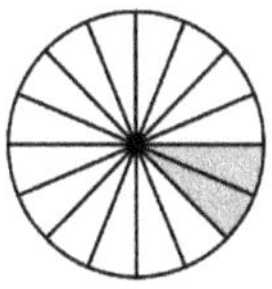

$\frac{2}{16}$

7) 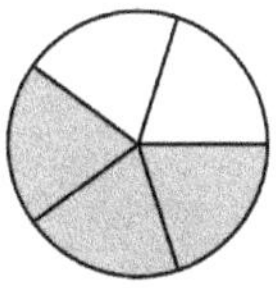

$\frac{3}{5}$

8) 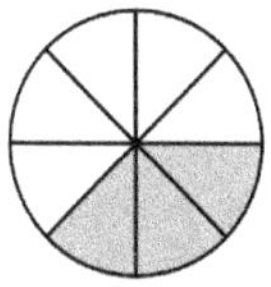

$\frac{3}{8}$

9) 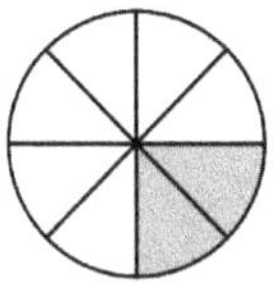

$\frac{2}{8}$

10) 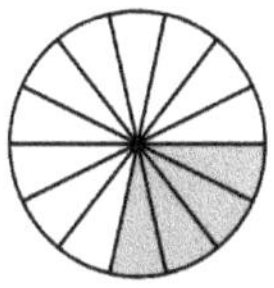

$\frac{4}{14}$

11) 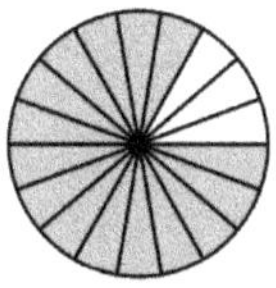

$\frac{15}{18}$

12) 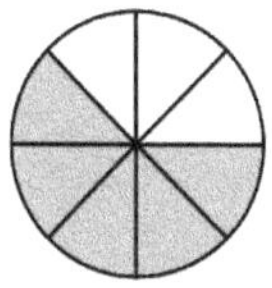

$\frac{5}{8}$

A) 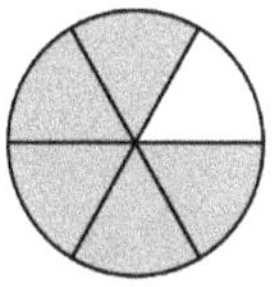

$\frac{5}{6}$

B) 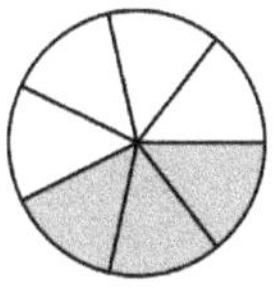

$\frac{3}{7}$

C) 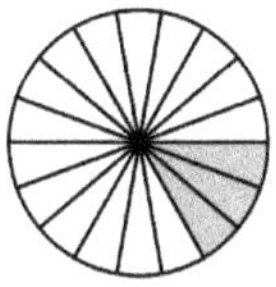

$\frac{3}{18}$

D) 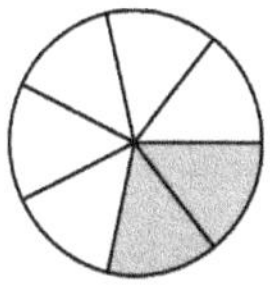

$\frac{2}{7}$

E) 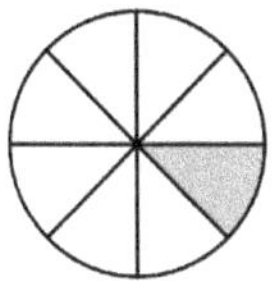

$\frac{1}{8}$

F) 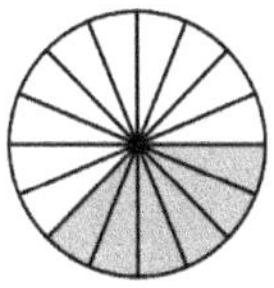

$\frac{6}{16}$

G) 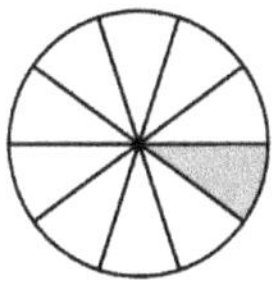

$\frac{1}{10}$

H) 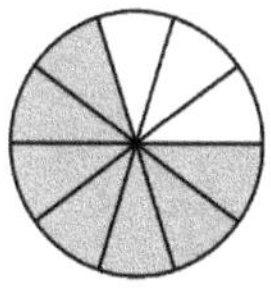

$\frac{7}{10}$

I) 

$\frac{5}{10}$

J) 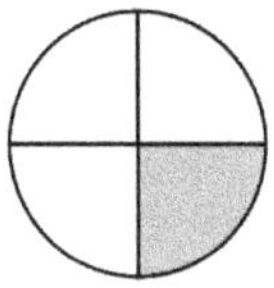

$\frac{1}{4}$

K) 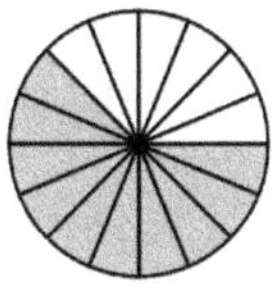

$\frac{10}{16}$

L) 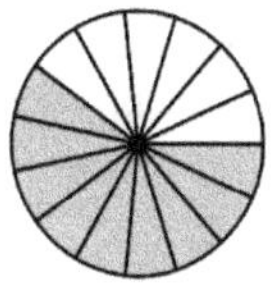

$\frac{9}{15}$

1. ____________
2. ____________
3. ____________
4. ____________
5. ____________
6. ____________
7. ____________
8. ____________
9. ____________
10. ____________
11. ____________
12. ____________

LÖSUNGSSCHLÜSSEL

1

1. $^{2}/_{8}$
2. $^{1}/_{3}$
3. $^{4}/_{8}$
4. $^{5}/_{6}$
5. $^{2}/_{4}$
6. $^{2}/_{6}$
7. $^{3}/_{4}$
8. $^{4}/_{6}$
9. $^{7}/_{8}$
10. $^{3}/_{8}$

2

1. $^{5}/_{6}$
2. $^{2}/_{4}$
3. $^{2}/_{6}$
4. $^{1}/_{6}$
5. $^{3}/_{4}$
6. $^{1}/_{4}$
7. $^{6}/_{8}$
8. $^{2}/_{8}$
9. $^{3}/_{8}$
10. $^{1}/_{3}$

3

1. $^{1}/_{4}$
2. $^{1}/_{3}$
3. $^{3}/_{4}$
4. $^{1}/_{2}$
5. $^{2}/_{8}$
6. $^{3}/_{6}$
7. $^{2}/_{6}$
8. $^{1}/_{6}$
9. $^{1}/_{8}$
10. $^{3}/_{8}$

4

1. $^{1}/_{2}$
2. $^{5}/_{6}$
3. $^{2}/_{4}$
4. $^{1}/_{8}$
5. $^{1}/_{4}$
6. $^{6}/_{8}$
7. $^{3}/_{8}$
8. $^{2}/_{3}$
9. $^{4}/_{6}$
10. $^{7}/_{8}$

5

1. $^{2}/_{8}$
2. $^{3}/_{4}$
3. $^{3}/_{8}$
4. $^{5}/_{6}$
5. $^{1}/_{3}$
6. $^{7}/_{8}$
7. $^{4}/_{8}$
8. $^{2}/_{6}$
9. $^{4}/_{6}$
10. $^{6}/_{8}$

6

1. $^{3}/_{8}$
2. $^{3}/_{4}$
3. $^{1}/_{8}$
4. $^{2}/_{3}$
5. $^{1}/_{2}$
6. $^{4}/_{6}$
7. $^{4}/_{8}$
8. $^{3}/_{6}$
9. $^{2}/_{4}$
10. $^{1}/_{3}$

7

1. $^{7}/_{8}$
2. $^{3}/_{6}$
3. $^{4}/_{8}$
4. $^{1}/_{4}$
5. $^{5}/_{6}$
6. $^{3}/_{8}$
7. $^{2}/_{4}$
8. $^{1}/_{3}$
9. $^{5}/_{8}$
10. $^{2}/_{6}$

8

1. $^{4}/_{6}$
2. $^{2}/_{4}$
3. $^{5}/_{8}$
4. $^{2}/_{3}$
5. $^{3}/_{8}$
6. $^{1}/_{2}$
7. $^{2}/_{6}$
8. $^{5}/_{6}$
9. $^{1}/_{3}$
10. $^{1}/_{6}$

9

1. $4/8$
2. $3/8$
3. $5/8$
4. $2/6$
5. $1/8$
6. $1/6$
7. $4/6$
8. $1/3$
9. $6/8$
10. $5/6$

10

1. $2/4$
2. $3/8$
3. $1/8$
4. $1/4$
5. $1/3$
6. $1/2$
7. $3/4$
8. $5/6$
9. $6/8$
10. $3/6$

11

1. A,B,D
2. D
3. B
4. B,D
5. B,C
6. A
7. B,C
8. A,B,C,D

12

1. A,B,C,D
2. A
3. B
4. A,B
5. B,C
6. A,B,C
7. A,B,D
8. A,B,C,D

13

1. none
2. B,C,D
3. C,D
4. A,D
5. none
6. B
7. none
8. A

14

1. A,B,D
2. B,C,D
3. A
4. B,C,D
5. D
6. A,B,C,D
7. A
8. A,B,C,D

15

1. B
2. A,B,C,D
3. A,B
4. A,B,C,D
5. A,B,C,D
6. A,B,C
7. none
8. B,D

16

1. B,C
2. none
3. A,C,D
4. A,B,C,D
5. B,C
6. A,B,C,D
7. A,C
8. B,D

17

1. A,B,C
2. A,B,C,D
3. B,C,D
4. none
5. A,B,C,D
6. A,B,C,D
7. none
8. none

18

1. A,B,D
2. none
3. none
4. A,B,D
5. C,D
6. A,B,C,D
7. A,C,D
8. D

19

1. A,B,C,D
2. A,C,D
3. A
4. C
5. A,C
6. A,B,D
7. C
8. B,C,D

20

1. A,B,C
2. A,B
3. A
4. B,C
5. A,D
6. A,B,C
7. B,D
8. D

21

1. $\frac{3}{8} + \frac{2}{8} = \frac{5}{8}$
2. $\frac{3}{10} + \frac{5}{10} = \frac{8}{10}$
3. $\frac{2}{8} + \frac{1}{8} = \frac{3}{8}$
4. $\frac{2}{5} + \frac{2}{5} = \frac{4}{5}$
5. $\frac{2}{6} + \frac{1}{6} = \frac{3}{6}$
6. $\frac{4}{10} + \frac{5}{10} = \frac{9}{10}$
7. $\frac{3}{6} + \frac{1}{6} = \frac{4}{6}$
8. $\frac{3}{8} + \frac{4}{8} = \frac{7}{8}$
9. $\frac{1}{6} + \frac{4}{6} = \frac{5}{6}$
10. $\frac{4}{12} + \frac{1}{12} = \frac{5}{12}$

22

1. $\frac{3}{4} + \frac{1}{4} = \frac{4}{4}$
2. $\frac{2}{5} + \frac{1}{5} = \frac{3}{5}$
3. $\frac{4}{6} + \frac{1}{6} = \frac{5}{6}$
4. $\frac{3}{8} + \frac{1}{8} = \frac{4}{8}$
5. $\frac{2}{4} + \frac{1}{4} = \frac{3}{4}$
6. $\frac{3}{10} + \frac{2}{10} = \frac{5}{10}$
7. $\frac{4}{8} + \frac{2}{8} = \frac{6}{8}$
8. $\frac{1}{5} + \frac{3}{5} = \frac{4}{5}$
9. $\frac{7}{10} + \frac{2}{10} = \frac{9}{10}$
10. $\frac{1}{3} + \frac{1}{3} = \frac{2}{3}$

23

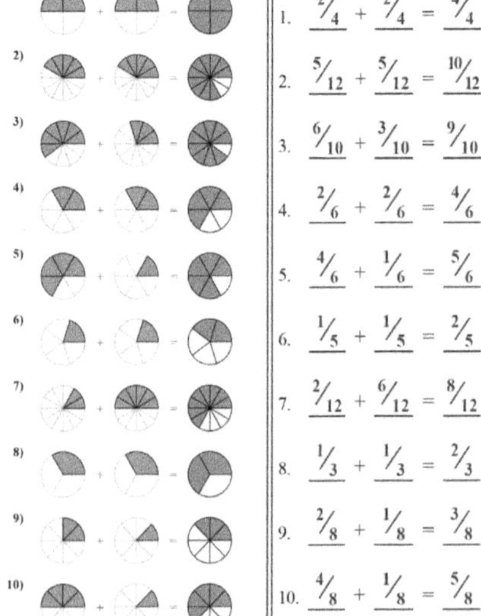

1. $\frac{2}{4} + \frac{2}{4} = \frac{4}{4}$
2. $\frac{5}{12} + \frac{5}{12} = \frac{10}{12}$
3. $\frac{6}{10} + \frac{3}{10} = \frac{9}{10}$
4. $\frac{2}{6} + \frac{2}{6} = \frac{4}{6}$
5. $\frac{4}{6} + \frac{1}{6} = \frac{5}{6}$
6. $\frac{1}{5} + \frac{1}{5} = \frac{2}{5}$
7. $\frac{2}{12} + \frac{6}{12} = \frac{8}{12}$
8. $\frac{1}{3} + \frac{1}{3} = \frac{2}{3}$
9. $\frac{2}{8} + \frac{1}{8} = \frac{3}{8}$
10. $\frac{4}{8} + \frac{1}{8} = \frac{5}{8}$

24

1. $\frac{2}{4} + \frac{1}{4} = \frac{3}{4}$
2. $\frac{7}{12} + \frac{1}{12} = \frac{8}{12}$
3. $\frac{2}{10} + \frac{3}{10} = \frac{5}{10}$
4. $\frac{1}{5} + \frac{1}{5} = \frac{2}{5}$
5. $\frac{2}{5} + \frac{2}{5} = \frac{4}{5}$
6. $\frac{1}{4} + \frac{1}{4} = \frac{2}{4}$
7. $\frac{1}{8} + \frac{3}{8} = \frac{4}{8}$
8. $\frac{1}{6} + \frac{4}{6} = \frac{5}{6}$
9. $\frac{4}{12} + \frac{6}{12} = \frac{10}{12}$
10. $\frac{2}{12} + \frac{7}{12} = \frac{9}{12}$

25

1. $\frac{4}{8} + \frac{2}{8} = \frac{6}{8}$
2. $\frac{3}{6} + \frac{2}{6} = \frac{5}{6}$
3. $\frac{2}{4} + \frac{1}{4} = \frac{3}{4}$
4. $\frac{2}{5} + \frac{2}{5} = \frac{4}{5}$
5. $\frac{2}{5} + \frac{1}{5} = \frac{3}{5}$
6. $\frac{1}{8} + \frac{2}{8} = \frac{3}{8}$
7. $\frac{1}{4} + \frac{1}{4} = \frac{2}{4}$
8. $\frac{1}{3} + \frac{1}{3} = \frac{2}{3}$
9. $\frac{6}{10} + \frac{3}{10} = \frac{9}{10}$
10. $\frac{10}{12} + \frac{1}{12} = \frac{11}{12}$

26

1. $\frac{6}{12} + \frac{2}{12} = \frac{8}{12}$
2. $\frac{3}{8} + \frac{3}{8} = \frac{6}{8}$
3. $\frac{2}{4} + \frac{1}{4} = \frac{3}{4}$
4. $\frac{1}{5} + \frac{2}{5} = \frac{3}{5}$
5. $\frac{4}{10} + \frac{2}{10} = \frac{6}{10}$
6. $\frac{2}{5} + \frac{2}{5} = \frac{4}{5}$
7. $\frac{4}{6} + \frac{1}{6} = \frac{5}{6}$
8. $\frac{2}{12} + \frac{5}{12} = \frac{7}{12}$
9. $\frac{1}{4} + \frac{1}{4} = \frac{2}{4}$
10. $\frac{1}{6} + \frac{3}{6} = \frac{4}{6}$

27

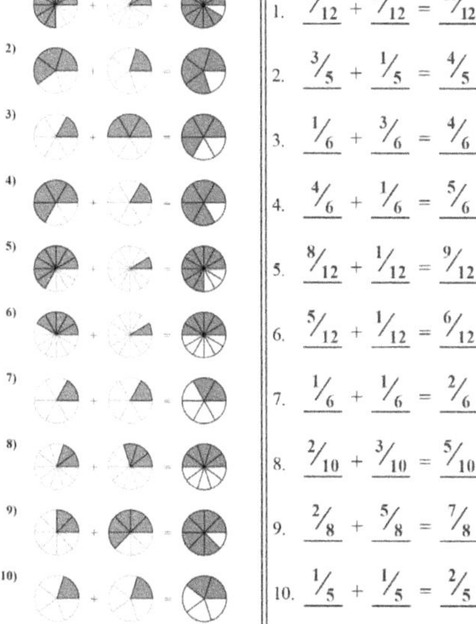

1. $\frac{9}{12} + \frac{2}{12} = \frac{11}{12}$
2. $\frac{3}{5} + \frac{1}{5} = \frac{4}{5}$
3. $\frac{1}{6} + \frac{3}{6} = \frac{4}{6}$
4. $\frac{4}{6} + \frac{1}{6} = \frac{5}{6}$
5. $\frac{8}{12} + \frac{1}{12} = \frac{9}{12}$
6. $\frac{5}{12} + \frac{1}{12} = \frac{6}{12}$
7. $\frac{1}{6} + \frac{1}{6} = \frac{2}{6}$
8. $\frac{2}{10} + \frac{3}{10} = \frac{5}{10}$
9. $\frac{2}{8} + \frac{5}{8} = \frac{7}{8}$
10. $\frac{1}{5} + \frac{1}{5} = \frac{2}{5}$

28

1. $\frac{1}{5} + \frac{2}{5} = \frac{3}{5}$
2. $\frac{1}{6} + \frac{2}{6} = \frac{3}{6}$
3. $\frac{5}{12} + \frac{3}{12} = \frac{8}{12}$
4. $\frac{6}{10} + \frac{1}{10} = \frac{7}{10}$
5. $\frac{1}{6} + \frac{3}{6} = \frac{4}{6}$
6. $\frac{3}{12} + \frac{1}{12} = \frac{4}{12}$
7. $\frac{4}{8} + \frac{3}{8} = \frac{7}{8}$
8. $\frac{5}{8} + \frac{1}{8} = \frac{6}{8}$
9. $\frac{1}{4} + \frac{1}{4} = \frac{2}{4}$
10. $\frac{4}{6} + \frac{1}{6} = \frac{5}{6}$

29

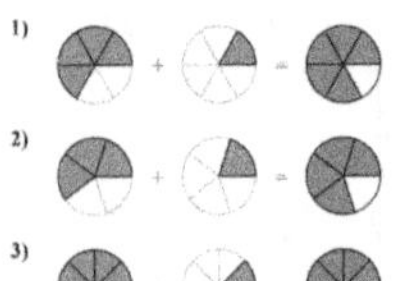

1. $\frac{4}{6} + \frac{1}{6} = \frac{5}{6}$
2. $\frac{3}{5} + \frac{1}{5} = \frac{4}{5}$
3. $\frac{6}{8} + \frac{1}{8} = \frac{7}{8}$
4. $\frac{4}{8} + \frac{2}{8} = \frac{6}{8}$
5. $\frac{2}{4} + \frac{1}{4} = \frac{3}{4}$
6. $\frac{1}{5} + \frac{1}{5} = \frac{2}{5}$
7. $\frac{3}{10} + \frac{1}{10} = \frac{4}{10}$
8. $\frac{4}{12} + \frac{6}{12} = \frac{10}{12}$
9. $\frac{1}{4} + \frac{1}{4} = \frac{2}{4}$
10. $\frac{1}{5} + \frac{2}{5} = \frac{3}{5}$

30

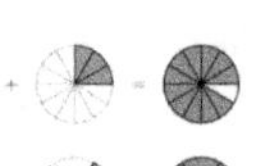

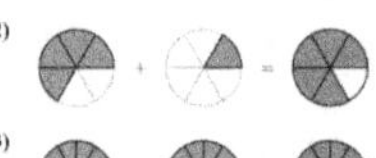

1. $\frac{8}{12} + \frac{3}{12} = \frac{11}{12}$
2. $\frac{4}{6} + \frac{1}{6} = \frac{5}{6}$
3. $\frac{5}{12} + \frac{5}{12} = \frac{10}{12}$
4. $\frac{1}{4} + \frac{1}{4} = \frac{2}{4}$
5. $\frac{6}{10} + \frac{3}{10} = \frac{9}{10}$
6. $\frac{2}{5} + \frac{1}{5} = \frac{3}{5}$
7. $\frac{1}{8} + \frac{1}{8} = \frac{2}{8}$
8. $\frac{3}{10} + \frac{5}{10} = \frac{8}{10}$
9. $\frac{2}{10} + \frac{1}{10} = \frac{3}{10}$
10. $\frac{1}{10} + \frac{3}{10} = \frac{4}{10}$

31

1) $\frac{1}{2} \times 7 =$

2) $\frac{1}{5} \times 2 =$

3) $\frac{1}{3} \times 5 =$

4) $\frac{1}{2} \times 5 =$

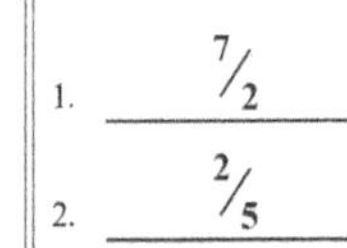

5) $\frac{3}{4} \times 4 =$

6) $\frac{3}{8} \times 7 =$

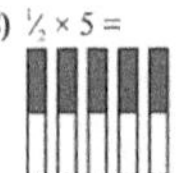

7) $\frac{2}{6} \times 3 =$

8) $\frac{1}{2} \times 5 =$

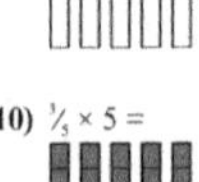

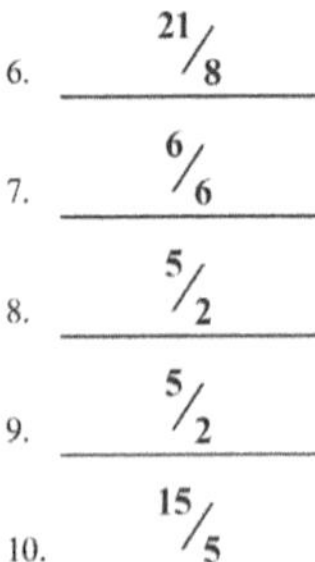

9) $\frac{1}{2} \times 5 =$

10) $\frac{3}{5} \times 5 =$

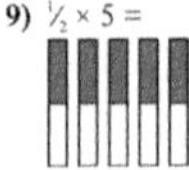

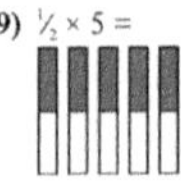

1. $\frac{7}{2}$
2. $\frac{2}{5}$
3. $\frac{5}{3}$
4. $\frac{5}{2}$
5. $\frac{12}{4}$
6. $\frac{21}{8}$
7. $\frac{6}{6}$
8. $\frac{5}{2}$
9. $\frac{5}{2}$
10. $\frac{15}{5}$

32

1) $\frac{1}{4} \times 9 =$

2) $\frac{1}{4} \times 7 =$

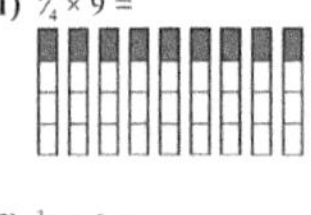

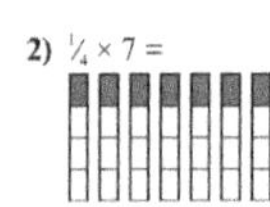

3) $\frac{3}{5} \times 6 =$

4) $\frac{9}{10} \times 2 =$

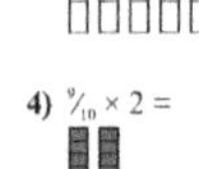

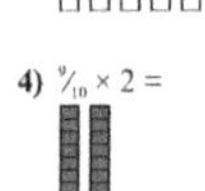

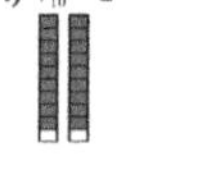

5) $\frac{1}{5} \times 4 =$

6) $\frac{3}{5} \times 8 =$

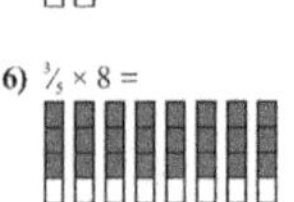

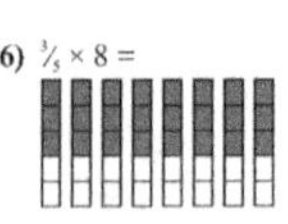

7) $\frac{1}{2} \times 8 =$

8) $\frac{2}{4} \times 4 =$

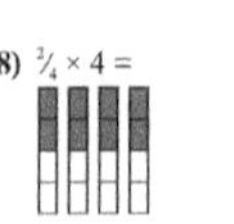

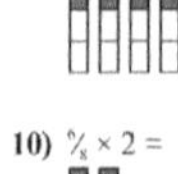

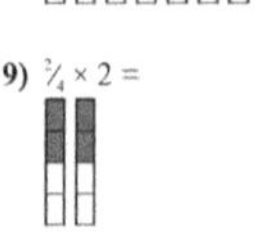

9) $\frac{2}{4} \times 2 =$

10) $\frac{6}{8} \times 2 =$

1. $\frac{9}{4}$
2. $\frac{7}{4}$
3. $\frac{18}{5}$
4. $\frac{18}{10}$
5. $\frac{4}{5}$
6. $\frac{24}{5}$
7. $\frac{8}{2}$
8. $\frac{8}{4}$
9. $\frac{4}{4}$
10. $\frac{12}{8}$

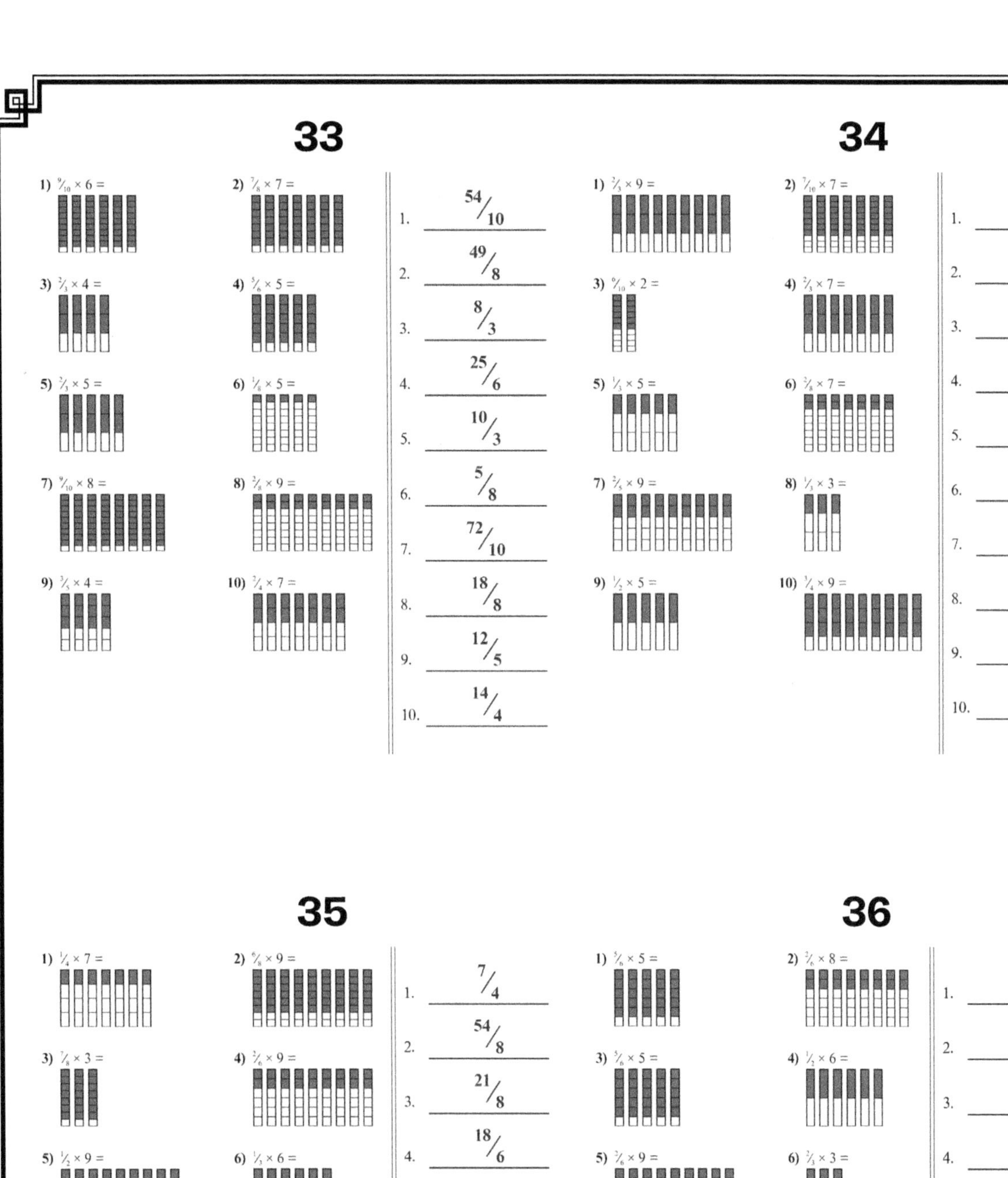

33

1) $\frac{9}{10} \times 6 =$

2) $\frac{7}{8} \times 7 =$

3) $\frac{2}{3} \times 4 =$

4) $\frac{5}{6} \times 5 =$

5) $\frac{2}{3} \times 5 =$

6) $\frac{1}{8} \times 5 =$

7) $\frac{9}{10} \times 8 =$

8) $\frac{2}{8} \times 9 =$

9) $\frac{3}{5} \times 4 =$

10) $\frac{2}{4} \times 7 =$

1. 54/10
2. 49/8
3. 8/3
4. 25/6
5. 10/3
6. 5/8
7. 72/10
8. 18/8
9. 12/5
10. 14/4

34

1) $\frac{2}{3} \times 9 =$

2) $\frac{7}{10} \times 7 =$

3) $\frac{6}{10} \times 2 =$

4) $\frac{2}{3} \times 7 =$

5) $\frac{1}{3} \times 5 =$

6) $\frac{2}{8} \times 7 =$

7) $\frac{2}{5} \times 9 =$

8) $\frac{1}{3} \times 3 =$

9) $\frac{1}{2} \times 5 =$

10) $\frac{3}{4} \times 9 =$

1. 18/3
2. 49/10
3. 12/10
4. 14/3
5. 5/3
6. 14/8
7. 18/5
8. 3/3
9. 5/2
10. 27/4

35

1) $\frac{1}{4} \times 7 =$

2) $\frac{6}{8} \times 9 =$

3) $\frac{7}{8} \times 3 =$

4) $\frac{2}{6} \times 9 =$

5) $\frac{1}{2} \times 9 =$

6) $\frac{1}{3} \times 6 =$

7) $\frac{1}{8} \times 3 =$

8) $\frac{2}{5} \times 5 =$

9) $\frac{5}{6} \times 4 =$

10) $\frac{1}{2} \times 6 =$

1. 7/4
2. 54/8
3. 21/8
4. 18/6
5. 9/2
6. 6/3
7. 3/8
8. 10/5
9. 20/6
10. 6/2

36

1) $\frac{5}{6} \times 5 =$

2) $\frac{2}{6} \times 8 =$

3) $\frac{5}{6} \times 5 =$

4) $\frac{1}{2} \times 6 =$

5) $\frac{2}{6} \times 9 =$

6) $\frac{2}{3} \times 3 =$

7) $\frac{2}{3} \times 5 =$

8) $\frac{3}{4} \times 3 =$

9) $\frac{5}{10} \times 3 =$

10) $\frac{3}{6} \times 8 =$

1. 25/6
2. 16/6
3. 25/6
4. 6/2
5. 18/6
6. 6/3
7. 10/3
8. 9/4
9. 15/10
10. 24/6

37

1) $\frac{1}{2} \times 4 =$

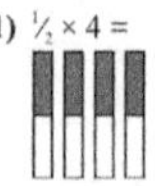

2) $\frac{1}{5} \times 8 =$

3) $\frac{7}{8} \times 8 =$

4) $\frac{6}{10} \times 5 =$

5) $\frac{2}{3} \times 3 =$

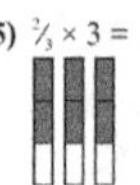

6) $\frac{6}{8} \times 5 =$

7) $\frac{5}{8} \times 4 =$

8) $\frac{1}{3} \times 8 =$

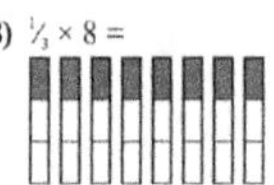

9) $\frac{3}{8} \times 8 =$

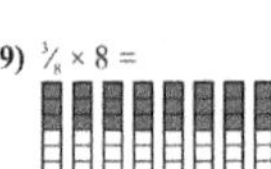

10) $\frac{6}{8} \times 7 =$

1. $\frac{4}{2}$
2. $\frac{8}{5}$
3. $\frac{56}{8}$
4. $\frac{30}{10}$
5. $\frac{6}{3}$
6. $\frac{30}{8}$
7. $\frac{20}{8}$
8. $\frac{8}{3}$
9. $\frac{24}{8}$
10. $\frac{42}{8}$

38

1) $\frac{1}{10} \times 9 =$

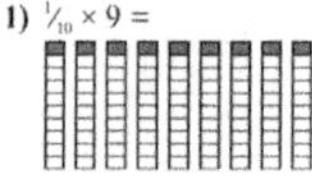

2) $\frac{3}{10} \times 6 =$

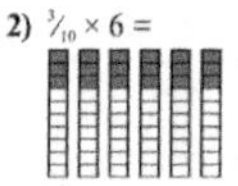

3) $\frac{3}{5} \times 4 =$

4) $\frac{4}{6} \times 8 =$

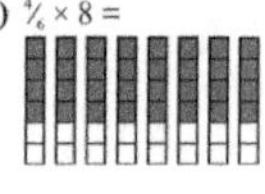

5) $\frac{3}{4} \times 9 =$

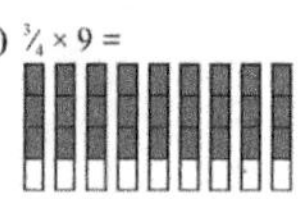

6) $\frac{3}{5} \times 3 =$

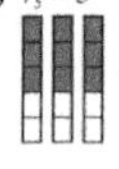

7) $\frac{1}{3} \times 7 =$

8) $\frac{3}{10} \times 3 =$

9) $\frac{3}{6} \times 8 =$

10) $\frac{1}{2} \times 5 =$

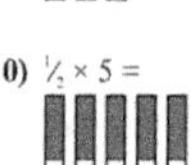

1. $\frac{9}{10}$
2. $\frac{18}{10}$
3. $\frac{12}{5}$
4. $\frac{32}{6}$
5. $\frac{27}{4}$
6. $\frac{9}{5}$
7. $\frac{7}{3}$
8. $\frac{9}{10}$
9. $\frac{24}{6}$
10. $\frac{5}{2}$

39

1) $\frac{4}{6} \times 9 =$

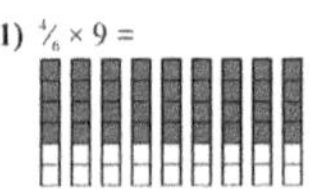

2) $\frac{2}{10} \times 2 =$

3) $\frac{4}{8} \times 4 =$

4) $\frac{4}{8} \times 4 =$

5) $\frac{1}{2} \times 7 =$

6) $\frac{1}{2} \times 2 =$

7) $\frac{2}{4} \times 6 =$

8) $\frac{2}{3} \times 8 =$

9) $\frac{2}{4} \times 8 =$

10) $\frac{4}{6} \times 6 =$

1. $\frac{36}{6}$
2. $\frac{4}{10}$
3. $\frac{16}{8}$
4. $\frac{16}{8}$
5. $\frac{7}{2}$
6. $\frac{2}{2}$
7. $\frac{12}{4}$
8. $\frac{16}{3}$
9. $\frac{16}{4}$
10. $\frac{24}{6}$

40

1) $\frac{1}{5} \times 3 =$

2) $\frac{2}{8} \times 9 =$

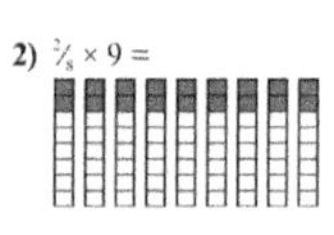

3) $\frac{3}{4} \times 4 =$

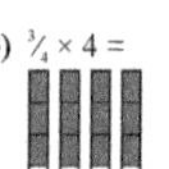

4) $\frac{2}{4} \times 3 =$

5) $\frac{2}{3} \times 3 =$

6) $\frac{1}{2} \times 3 =$

7) $\frac{1}{6} \times 7 =$

8) $\frac{3}{4} \times 6 =$

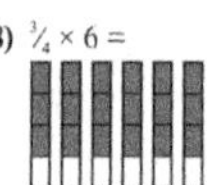

9) $\frac{3}{8} \times 3 =$

10) $\frac{5}{8} \times 5 =$

1. $\frac{3}{5}$
2. $\frac{18}{8}$
3. $\frac{12}{4}$
4. $\frac{6}{4}$
5. $\frac{6}{3}$
6. $\frac{3}{2}$
7. $\frac{7}{6}$
8. $\frac{18}{4}$
9. $\frac{9}{8}$
10. $\frac{25}{8}$

41

1. $4/8$
2. $2/8$
3. $3/8$
4. $3/6$
5. $1/3$
6. $6/8$
7. $2/6$
8. $1/4$
9. $3/8$
10. $1/3$

42

1. $1/6$
2. $6/8$
3. $3/6$
4. $5/8$
5. $5/8$
6. $1/3$
7. $2/3$
8. $5/8$
9. $3/6$
10. $3/8$

43

1. $2/6$
2. $1/6$
3. $1/3$
4. $3/4$
5. $3/8$
6. $2/3$
7. $1/2$
8. $2/8$
9. $3/8$
10. $3/6$

44

1. $2/3$
2. $1/2$
3. $1/3$
4. $2/6$
5. $2/3$
6. $3/6$
7. $1/4$
8. $1/2$
9. $3/4$
10. $1/4$

45

1. 2/8
2. 3/4
3. 2/3
4. 2/6
5. 3/6
6. 5/8
7. 1/6
8. 2/3
9. 1/6
10. 5/8

46

1. 2/4
2. 5/8
3. 2/8
4. 3/4
5. 3/8
6. 2/3
7. 4/8
8. 4/8
9. 2/6
10. 1/6

47

1. 3/8
2. 2/4
3. 1/4
4. 3/8
5. 1/6
6. 3/4
7. 3/8
8. 3/8
9. 3/6
10. 1/3

48

1. 3/4
2. 3/8
3. 3/8
4. 2/6
5. 2/4
6. 2/6
7. 3/6
8. 1/3
9. 4/8
10. 2/3

49

1. 5/8
2. 1/2
3. 6/8
4. 6/8
5. 1/3
6. 1/6
7. 3/4
8. 1/2
9. 2/3
10. 5/8

50

1. 5/8
2. 3/8
3. 5/8
4. 2/4
5. 3/4
6. 2/3
7. 3/8
8. 2/3
9. 4/6
10. 1/4

51

1. I
2. A
3. B
4. C
5. F
6. K
7. E
8. G
9. D
10. H
11. J
12. L

52

1. E
2. A
3. I
4. J
5. F
6. D
7. G
8. C
9. B
10. L
11. H
12. K

53

1. D
2. F
3. I
4. K
5. A
6. B
7. L
8. J
9. C
10. H
11. E
12. G

54

1. L
2. A
3. K
4. J
5. B
6. D
7. G
8. C
9. I
10. F
11. E
12. H

55

1. J
2. I
3. A
4. L
5. K
6. H
7. G
8. C
9. D
10. F
11. B
12. E

56

1. C
2. J
3. A
4. G
5. L
6. B
7. F
8. D
9. K
10. I
11. E
12. H

57

1. F
2. I
3. D
4. G
5. J
6. K
7. C
8. L
9. A
10. B
11. E
12. H

58

1. F
2. C
3. A
4. J
5. I
6. H
7. E
8. G
9. B
10. D
11. L
12. K

59

1. B
2. D
3. K
4. J
5. C
6. F
7. E
8. I
9. H
10. G
11. L
12. A

60

1. B
2. H
3. C
4. G
5. I
6. E
7. L
8. F
9. J
10. D
11. A
12. K

www.ingramcontent.com/pod-product-compliance
Lightning Source LLC
LaVergne TN
LVHW081335060426
835513LV00014B/1305
9780228222576